解讀易經的奧祕 卷十三

易經的占卜功能。

風靡中國十億人口
知名大師

曾仕強
教授◎著述

國家圖書館出版品預行編目(CIP)資料

解讀易經的奧祕. 卷十三, 易經的占卜功能 /
曾仕強 著述. 陳祈廷 編著. -- 初版. --
臺北市：曾仕強文化出版, 2014.08
面；　公分
ISBN 978-986-89499-5-9（平裝）
1.易經　2.研究考訂
121.17　　103015006

解讀易經的奧祕・卷13

易經的占卜功能

作　　者　曾仕強
發 行 人　廖秀玲
編　　著　陳祈廷
總 編 輯　陳祈廷
發行企劃　李養信
行銷企劃　邱俊清
主　　編　林雅慧
編　　輯　李秉翰
出 版 者　曾仕強文化事業有限公司
地　　址　台北市中正區重慶南路一段57號8樓之14
服務專線　＋886-2-2361-1379　＋886-2-2312-0050
服務傳真　＋886-2-2375-2763
版　　次　2022年6月二刷
I S B N　978-986-89499-5-9
定　　價　新台幣550元

#【作者簡介】

曾仕強 教授

英國萊斯特大學管理哲學博士、台灣交通大學教授、興國管理學院首任校長、台灣師範大學教授、人類自救協會創會理事長、新人類文明文教基金會榮譽董事長。

曾教授學貫古今，數十年來醉心於中華文化和西方現代管理哲學之研究，在國學、企管、哲學、教育等諸多領域上，皆有極高深的造詣。三十年前，世界五百強企業尚無中國企業能躋身其間，曾教授便已洞察趨勢，率先提倡「中國式管理」學說，被譽為「中國式管理之父」。迄今，曾教授已巡迴全球，完成逾五千場以上之演講，為臺灣生產力中心調查「最受企業界歡迎的十大講師」之一。

近年來，曾教授應大陸中央電視台邀請，至「百家講壇」欄目，主講「經營之神胡雪巖的啟示」、「易經與人生」等主題，收視率勇奪全國之冠；二〇〇九年主講「易經的奧祕」系列；二〇一一～二〇一二年主講「易經的智慧」、「點評三國演義」；二〇一二年主講「道德經的奧祕」、「道德經的玄妙」，內容風靡全中國，不僅掀起一股國學復興浪潮，更被評選為第一名的國學大師。

曾教授著作有：《易經真的很容易》、《易經的乾坤大門》、《人人都不了了之》、《易經的中道思維》、《中國式管理》、《總裁魅力學》、《樂天知命的無憂人生》、《修己安人的領導魅力》、《為官之道》、《道德經的奧祕》……等數十本，其中《易經的奧祕》一書銷售量已突破五百萬冊，高居台灣與大陸各大書店文史哲類暢銷排行榜總冠軍。

前言——代序

《易經》原是一部用來占卜的書，這是大部分學者所公認的——然而，我們對於這樣的推測，覺得相當不妥。因為伏羲氏一畫開天，在那樣的時代裡，祂是不太可能會起心動念，去設計出一套占卜之術供大眾使用的。而後來《易經》之所以會演變成占卜之書，應該有其特殊因緣。

我們更加認同〈繫辭・上傳〉所說：「易有聖人之道四焉：以言者尚其辭，以動者尚其變，以制器者尚其象，以卜筮者尚其占。」用易理來指導言論的人，崇尚《易經》的文辭；用易理來引導行動的人，崇尚《易經》的變化；用易理來製作器具的人，崇尚《易經》的象徵；應用易理來占問決疑的人，崇尚《易經》的占筮原理。無論是辭、變、象、占任何一方面的運用，都共同以易理作為基礎。一個人倘若不明易理，即冒然玩味揣摩《易經》的占筮，勢必害多利少，不可不慎。然而，若是完全否定占卜，似乎大可不必，實際上也並不可行。

《論語・子路篇》記載：子曰：「南人有言曰：『人而無恆，不可以作巫醫。』善夫！『不恆其德，或承之羞。』」子曰：「不占而已矣」。孔子引述南方人流傳的話：「一個人若是缺乏恆心，不可以當巫醫、用巫術替人治病。」孔子認為這句話說得很好，所以把它拿來和《易經》第三十二卦恆卦（䷟）的九三爻辭：「不恆其德，或承之羞，貞吝。」相互印證，說明若是不能恆久地用心，或許將會承受羞辱，必須持守正道以保无咎。這裡所說的「不占而已矣」，是孔子提出的推斷：「對於這種不能持久用心的人，就算親自前來詢問，實在也用不著為他們占卜。」如果依據孔子「不占而已矣」這句話，便推定孔子不贊成占卜，我們同樣認為並不妥當。最好解釋成：「若是缺乏恆心，又何必占卜呢？」占卜有一定的限制，不明白易理的人，不應該亂占，更不應該利用占卜去欺騙，甚至於威脅、恐嚇他人。更何況，真正具備推理能力的人，也根本就用不著占卜啊！

〈繫辭．上傳〉第九章，把占卦的過程說得十分清楚，孔子還在最後加上一句：「知變化之道者，其知神之所為乎？」意即：懂得變化規律的人，似乎也明白神靈的所作所為吧！由此可見，孔子並不反對占卜，而是有條件地贊成占卜。

基於「一陰一陽之謂道」的原理，我們可以把「有條件地贊成」與「有條件地反對」兩者畫上等號。這種說法，十分符合孔子「無可無不可」的基本原則。

人生在世，經常會遭遇到各種不安的情況，甚至對自己的未來產生懷疑與恐懼。在這種狀態下，一方面抱持「占卜怎麼能相信」的想法；一方面卻存有「占卜或許真的可以開運，至少也能獲得某些啟示」的期待，想來也是人之常情。幾千年來，不少人將占卜視為迷信，但占卜這個行業卻依然存在，實在值得我們深思。身為現代人，更應該認清：科技的發展，揭開了許多民間信仰的神祕面紗，卻未能適時提供可靠的精神支柱。另一方面，西方科學家多有宗教信仰，而龍的傳人則是滿口科學，但內心卻免不了對占筮充滿好奇。

實際上，我們既沒有能力證明占筮是科學的，也沒有能力證明占筮是迷信的，我們只能說占卜是《易經》的一種小用，然而若是用得正確，便可能促成《易經》的大用，對人類生活具有相當程度的助益。可惜在占卜工作者之中，免不了有妄言可以替顧客消災解厄，並提出若干開運指示，號稱可以料事如神的「半仙」或「大師」，導致此一行業始終覆蓋著一層迷信的面紗，迄今難登大雅之堂。

要改變這種情況，唯一的有效途徑，便是占卜工作者必須全面提升道德修養，建立起大眾的信任感，才能確保占卜應有的地位。不幸的是，有許多占卜工作者不明易理，又喜歡使用長久以來代代相傳、充滿迷信色彩的用語，甚至把卦爻辭句中的吉凶悔吝，當成神明的指示。為了加強語氣，更經常鐵口直斷，以博得顧客的信服，殊不知，此舉已違背易道「變動而不居，周流於六虛，上下无常」的道理。當然，我們也不能把責任完全歸諸占卜工作者。追本溯源，問題出在顧客喜歡聽那種鐵口直斷的神示——似乎愈是鐵口直斷，愈顯得卜算者功力高強，所以造成占卜工作者不得不如此的無奈。

我們把象、數、理的連鎖作用，視為易學的大用，而將占卜視為易學的小用，此舉並沒有輕視占筮的意思。在《解讀易經的奧祕》書系之中，特別將討論「占筮」的專題安排在第十三本，其實正是為了突顯「多加探究易理、少動占筮念頭」的用意，以免造成「重占筮、輕易理」的風氣，徒然害人害己。或許有人認為：既然如此，那就對占筮之術存而不論、避而不談，這樣豈非更輕鬆省事嗎？但當然不能這樣！若是重易理而廢占筮，導致道術分離，根本就不合乎易理，徒然使得陰陽分家——學者重道，容易變成假道學；民間重術，促使招搖撞騙者以一招半式走江湖，三兩下就把易學的名號砸壞了！現代許多人懼談《易經》，乾脆用「我不懂」來迴避，與易學劃清界線，以免遭到連累波及。

其實，占卜用得合理，原本是好事情，卻由於大多數學者不敢、也不願意深入探究，躲得遠遠地，這才造成少數從事占筮的行家，一旦擁有「易占準確」的美譽，便會被不肖者假借名義，自稱其門徒或傳人（實際上並無任何關係），到處進行愚劣的詐欺行為，敗壞《易經》占卜的應有地位。

事實上，《易經》占卜的真正功能，是表現在能夠針對困難的處境，說明其理由，指出將要來臨的變化，提示適當的進退應變措施，以穩定人心、促進和諧，增進生活上的安寧。現代人緊張忙碌，而且大多辛苦勞累，經常感嘆命運無常，使人備嘗委屈艱辛。此時，與其花錢諮詢心理醫師，倒不如自行占卜、自己解卦，以期從中找出改變的方案，此舉將更為安全有益。

卜卦很容易，大約一個小時便能學會。然而，解卦卻相當困難，往往會被當事者的主觀意識所左右，以一廂情願的心態，解出自己所想要的答案。正是由於解卦相當困難，我們才需要對易理進行更深入的鑽研。若能藉由占卜來瞭解每一卦的義理，豈非更符合當年周文王「以神道設教」的意旨嗎？

人生的規律是「自作自受」，對於自己的所言所行，必須負起完全的責任。怨天尤人，根本無濟於事。未來的日子要怎樣過？眼前的難關該如何突破？按理來說，都應該由自己決定、自己負責。若是把決定權委託給別人，這樣做合理嗎？若能遇到通曉易理之人，還算是運氣好；倘若遇到騙子，或是有人在背後指使，豈非自投羅網？而最後的結果，還是要由自己承擔，怎麼算都划不來，也實在讓人放心不下！

自己卜卦自己解，使《易經》占卜生活化、實用化，也符合「自作自受」的人生規律。唯有如此，才能夠還《易經》占卜的原來面目，使易占的功能正常化，革除占卜所造成的弊害。

真正的佛教，不應該以廣建寺廟、增加僧侶為目的，而是應當弘揚佛法，使佛法生活化。中華民族致力於儒、道、釋的融合，將佛法融入日常生活中，已經有了良好的成果。真正的易占，也不以增加占卜工作者為目標，而是希望做到人人都能占卜、自己占卜自己解卦，從而更加明白易理，並據以實踐的目標。若有朝一日，能做到全民皆可自行占卦、自行解卦，那麼，所有「假占卜之名、行詐騙之實」的怪象與弊病，必能自動消弭於無形。

無論如何，把自己的未來交付他人手中，總是一種不妥當的作為。我們對於自己的親生父母，尚有抗拒不從的時候，當然不會放心把自己的祕密，輕易地告知占卜工作者。因此，對於占卜的結果，也就不免將信將疑，在這種情況下，卜卦靈或不靈，由於變數很多，實在難以論斷。

實際上，占卜的真正功能，在於引發我們與生俱有的第六感，也就是直覺。藉由占卜的過程、心神的集中、解卦的狀況，促使第六感得以發揮，給自己帶來良好的指引。「易為君子謀，不為小人謀」，這句話更警惕我們，必須順著正道來占卦，不能心存不良，否則便是一場害人害己的騙局。

現代管理，無不重視預測。因此，我們除了著眼於當下的事務，也應當目光遠大，放眼於未來的變化。而易占在這方面，便具有相當良好的功能。千萬不要因為長久以來的曲解，便把它視為裝神弄鬼的無稽之談，如此一來，反而自誤誤人。那麼，應當如何研究易占、使用易占才較為合理，我們在書中有較為詳細的說明，提供大家做為參考。也敬懇各界先進，不吝賜教為幸。

曾仕強 謹識於台灣師範大學

編者序

在浩瀚的歷史長河中，《易經》堪稱古往今來最為奇妙的一部經典，不但充滿易理的價值，同時也具有占卜的功能。「易，無思也，無為也，寂然不動，感而遂通天下之故。非天下之至神，其孰能與於此。」在〈繫辭・上傳〉中，孔子推崇《易經》既沒有思慮，也沒有作為，寂靜不動，卻能透過陰陽交感，通曉世間萬事萬物，實在是天底下最為神妙的道理啊！

學過《易經》，就會了解「陰、陽」是組成一切事物必要且共同的基礎。只要陰陽的數（數字）、位（位置）不同，就會形成不一樣的事物。曾教授告訴我們：占筮的過程，實際上是《易經》透過「數字」和「位置」的變化，奧妙地貫通鬼神的方法，「此所以成變化而行鬼神也」。而透過占卦，便可以有效地引發我們的第六感，使自己能夠從「當局者迷」的情境中跳脫，獲得「旁觀者清」的好處。然後參考《易經》的指引，採取合理的對策，過程中隨時調整、改善，便能得到解決問題的良好行動方案。而透過占卦來認識卦爻辭的真正含義，對於易理的深入瞭解和領悟，也將產生極大的助益。

人生在世，總是難免有疑惑之時、不決之事，對於自己的定位，往往也不容易加以掌握。現在究竟處於何種情境下？未來將會發生什麼樣的變化？應該要如何妥為因應？種種疑惑，總會讓人感覺迷惘無助。既然炎黃子孫得天獨厚，擁有《易經》這部至神之書可以提供諮詢，我們何不借重古聖先賢的智慧，學習最生活化、實用化的易占方式，讓自己能夠多一種選擇，也多一些參考呢？

本書中，曾教授採實例解說的方式，藉由「豐、旅」與「渙、節」這四卦，深入介紹如何自己占卦、自己解卦的方法。內容深入淺出、易學易懂，相信不論是易占的入門者，或是已經學習《易經》一段時間的進階者，都能從中得到良好的領悟與啟發。

曾仕強文化總編輯　**陳祈廷**

目錄

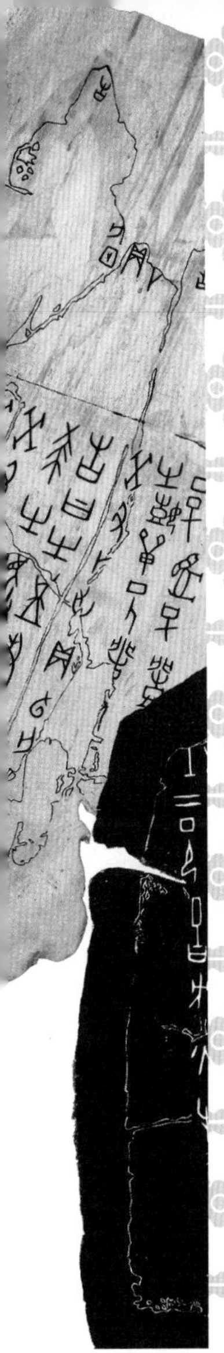

《第一章》

周文王
為什麼要演易？

般商時代，占卜風氣非常盛行，
用龜甲卜、以牛骨占，讓大家十分感興趣。

周文王推廣易理，也必須顧及自身安全，
於是採取神道設教的方式，透過演易來推行。

又因為龜甲難得、牛隻可用於耕種，
因此改以蓍ㄕ草代替，百姓更加樂於接受。

透過占筮來認識卦理，有導正迷信的功效，
況且百姓原本就對占筮感興趣，引導起來更為方便。

實際上，占卜本身並不迷信，只有人才會迷信，
若能建立正確認知，占卜也可以發揮一些助力。

如果人人都能自己卜卦、解卦，見怪不怪、其怪自敗，
從此一來，就不必擔心有人利用卜卦騙財騙色、謀財害命！

一．卜筮用以決嫌疑問吉凶

「求生存」是人類最基本的要求。個人的問題，可以各自解決，反正自作自受，必須由自己負起全部責任。而公眾的問題，最好是委託賢明人士代為決定，以免人多口雜，意見難求一致，反而無法集中意志與力量。而賢明人士果然高明，為了表示自己並無私心，一切秉持天意，於是藉由卜筮的運作來決嫌疑、問吉凶，便成為一種自然而然的代決方式。

「卜」是指使用龜甲或牛的肩胛骨，先加以鑽鑿，然後用火烤灼，過程中所產生的裂紋，即為「卜兆」。依據卜兆判斷未來的變化究竟是吉是凶，便稱為「占卜」。古人發現龜體上圓下方，具備天地之象，乃是天生神物，有其無可取代的神聖性，因此能用以占卜並預知吉凶。後來，由於龜甲不敷使用，才改採牛骨做為代替品，用以占卜一般事宜。然而，重要的卜筮，仍必須使用龜殼，以表現其神聖與莊嚴。

而周文王的興起，主要依靠農業，因此牛的地位，便從占卜轉為農耕的主力。這時候改用蓍草，當然也是一種順乎自然的變革。殷商時代，有卜無筮；周文王演易，造成以筮代占的形勢，也是一種推翻殷商的決心。他在既濟卦（䷾）九五爻辭寫下：「東鄰殺牛，不如西鄰之禴祭，實受其福」的字句。當時殷紂王在東，西周西伯在西。東鄰殺牛，象徵盛大祭祀，還不如西鄰的儉樸薄祭，更能真正蒙受上天的神祐。把牛留下來耕種，讓老百姓實實在在獲得好處。改用蓍草，以占出的卦象來代替卜兆，似乎也更容易取信於大眾。這種「以筮代卜」的新式占卜方法，果真如周文王所言，能讓社稷百姓都「實受其福」。

- 卜筮
  - 卜
    - 使用龜甲或牛的肩胛骨
    - 先加以鑽鑿
    - 再用火烤灼
    - 所產生的卜兆(裂紋)
    - 可用以預測未來的變化
  - 筮
    - 用蓍[ㄕ]草代替龜甲或牛骨
    - 漸次以筮代卜
    - 能保護牛隻，有利農耕
    - 果然廣受百姓支持

都是為了決嫌疑、問吉凶

二．神道設教取代求神問卜

不論如何，卜和筮的作用，都在於透過神示來解除疑惑，得到吉凶的啟示。全世界的原始人類，都必須經過神話的階段，而這階段往往神人混雜，難以區分。中華民族在黃帝以前，傳說中的伏羲、女媧、神農，其形貌、事蹟、年壽，都介於半人半神之間。黃帝治天下，著乎於天文、井田、文字、衣裳、歲名、醫經等各方面的措施。然而，由於民智未開，不得不借助於神會、神通。《禮記・表記篇》記載孔子的話語：「夏道尊命，事鬼敬神而遠之。」夏朝的政治，勤於政教民事，敬奉鬼神，卻不把鬼神的道理摻雜在教化之中。又說：「殷人尊神，率民以事神，先鬼而後禮。」商朝推崇鬼神，政府率人民奉事鬼神，推崇鬼神而輕視禮教。接著又說：「周人尊禮尚施，事鬼敬神而遠之。」周朝推崇禮法，愛好施與，敬事鬼神，但不把鬼神的道理摻雜在教化之中。可見，夏、商、周三代，就數商朝最迷信鬼神，也最喜歡占卜。周文王雖然有意改變風氣，恢復夏朝的「敬鬼神而遠之」，卻由於「慎始」，不能斷然掃除民間的占卜活動，因此透過「神道設教」的方式，希望能夠逐漸取代「求神問卜」的作法。然而，在經過孔子的倡導後，卻依然無法達成期許，只是改變了占卜的方式，以蓍草代替牛骨，用卦象取代卜兆。把老百姓的興趣，盡可能地轉移至卦象與易理，但此舉仍未能改變一般人對占卜的偏愛。特別是秦始皇焚書坑儒，燒毀了大部分的書籍，而《易經》由於被視為占卜之書，幸運地逃過此劫，因此更加添了世人對占卜的喜愛，也促使易學的「道」與「術」從此分家，成為「義理」與「象數」兩大門派，彼此互不相通，反倒喪失了本性。

神道設教 取代 **求神問卜**

神道設教	求神問卜
以人為本	以神為主
透過神化的過程	向神祈求答案
推廣教化	前謝還要後謝
讓大家藉由占筮	一切唯命是從
來認識卦理	愚夫愚婦不得不如此
神道不過是手段	讀書明理的人士
教化才是目的	當然不應該如此迷信

逐步改善社會風氣不宜躁進

三、鬼神的用意要先弄清楚

秦火救了《易經》，使它得以繼續流傳後世；秦火也害了《易經》，使它蒙受不白之冤，被認定為卜筮的工具。

自古以來，《易經》一直被當做「知來」的指引。「來」即未來，事物的未來，會產生若干變化，攸關人們的生活，甚至影響到人們的生存。「知來」便是預先知道未來的變化，因此，當然成為大家樂於聽聞，而且熱衷探討的課題。誰不關心自己的未來呢？誰不想預先知道自己未來將會產生什麼樣的變化？

《易經》的天、人、地三才，告訴我們：人生於天地之間，是自然的一部分，必須順應自然，憑著自己的智慧，選擇並走出自己的未來。換句話說，瞭解天地的自然變化，對我們而言至關緊要。仰觀俯察，迄今仍然是必要的舉措。

然而，大多數的人觀察力不夠深遠，分析力不夠透澈，而判斷力又十分薄弱，想要瞭解天地自然，實在非常困難。於是，人與天地之間，自然而然就產生了「神」和「鬼」的概念。一直到現代，我們對於某些能夠猜測天意，而且又相當精準的人，無不異口同聲地禮讚他為「神」，衷心感佩地說一聲「真神！」對於那些猜測錯誤，使人蒙受損害的，則是咒罵一聲「見鬼！」來出氣。「搞什麼鬼！」更是人們經常脫口而出的抱怨與嘆息。

「神」近乎天意，「鬼」則貼近人的思路。一般人只會出「鬼主意」，只有少數賢明人士，才有可能預測天機。人死為鬼，表示回歸原處，借用為「愈活愈回去了」，很快就要變成鬼了。神有通天地的意思，借用為天地的根本，可以產生萬物的神奇、神妙和神通的力量。既是無所不在，也是無所不能、無所不知。

人要順天，天意卻不明而難測

天

↑

神

神近乎天意
受人禮讚
被捧上了天

倘若有人預測精準，大家就會稱之為神
（你好神啦，這麼準！）
（孔明真神人也，令人讚賞！）

人

人不免有疑惑，因此產生神、鬼的概念

鬼

↓

地

測得不準害人害己，大家咒罵他：「搞什麼鬼！」

鬼接近人
愈活愈回去
被咒歸於地

人踩在地上，最好是腳踏實地，
偏偏眼睛長在頭頂上，只看天卻不看地

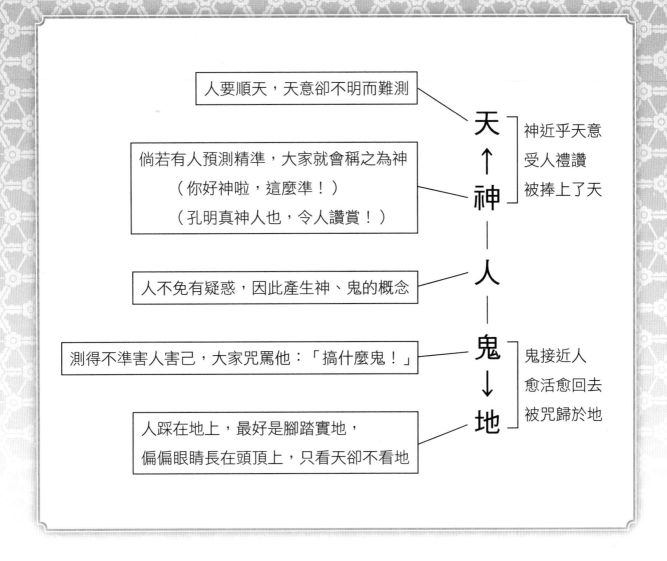

四、易經所說的神並非迷信

〈繫辭・上傳〉指出：「易與天地準，故能彌綸天地之道。仰以觀於天文，俯以察於地理，是故知幽明之故。原始反終，故知死生之說。精氣為物，遊魂為變，是故知鬼神之情狀。」《易經》本來就是模擬天地自然，以天地為準則，所以能夠包羅天地萬物的道理。我們透過《易經》的道理，來仰觀天上日月星辰的文采，俯察地面山川原野的理紋，就能夠知曉陰陽變化的緣故。從萬事萬物的原始，反求事物的終結，便能知道死生的規律。精靈之氣凝聚而成物體，遊蕩分散的靈魂，象徵「物」的變化，使我們明白鬼神的情狀，也不過是陰陽變化的屈伸往復。《易經》的神奇、神妙、神通，並不拘泥於任何一方，就好像《易經》的變化，並不限定於一體，所以說：「神无方而易无體」，接著又說：「生生之謂易，成象之謂乾，效法之謂坤，極數知來之謂占，通變之謂事，陰陽不測之謂神。」「生生不息」主要來自陰陽的交易變化，這種生生轉化的「道」，無形無體，似乎是抽象的概念。然而，形成天的就叫做「乾」，仿效大地法則的就叫做「坤」，既然成為乾坤兩卦，那就有形有象，可以具體運作了。「極數」的意思是極盡占筮中的蓍策（以蓍草來演算卦象的畫策），透過演算的「數」，來預測未來的變化，這就叫做「占筮」。通達變化之道，稱為瞭解事態。而陰陽的變化不可測定，那就是所謂的神妙。

《易經》所說的，是指神奇、神妙、神通。但由於「神通」經常被濫用，造成很多誤解，所以我們建議改成「通神」，以人為主，透過占筮來通於神；而不是以神為主，人反而被通。

神无方	易无體
《易經》只用兩個符號， 排列組合成六十四卦， 便可以解開宇宙的奧祕， 實在是神奇、神妙又神速。 人想要神通， 還不如通神。 讓神來通人， 當然不如人去通神。	神奇的奧妙， 不拘泥於固定的方向， 《易經》的變化， 也不侷限於一體。 從陰陽來看， 果然是變化莫測， 而以乾坤來說， 同樣不是固定的形體。

《易經》所說的「信」，其中並無「迷信」的成分

五、六十二卦的變化叫做神

〈繫辭・上傳〉說：「乾坤其易之縕（ㄩㄣˋ）邪？乾坤成列，而易立乎其中矣。」乾（䷀）坤（䷁）兩卦，分別為純陽與純陰，可以說是《易經》的精蘊。乾坤並列，成為易的兩扇大門。而易的變化，所有的道理，全都包含在其中。乾易坤簡，乾元重變易，坤元重簡從。乾代表陽，坤代表陰，所交易變化而成的六十二卦，代表著神奇、神妙、神通，便稱為「神」。

「一陰一陽之謂道」，可說是陰、陽、神三者共同構成的大道。「陰」、「陽」是宇宙人生的基本構成原素，而「神」則代表這兩種基本原素交易變化的成果，也可以說是變化之道。所以〈繫辭・上傳〉說：「知變化之道者，其知神之所為乎？」占筮的過程，實際上是《易經》透過「數字」和「位置」的變化，奧妙地貫通鬼神的方法。〈繫辭・上傳〉說：「此所以成變化而行鬼神也。」

陰陽是組成一切事物的必須且共同的基礎。陰陽的數（數字）位（位置）不同，就會形成不一樣的事物，變化之神速，往往令人覺得十分奇妙。〈繫辭・上傳〉說：「唯神也，故不疾而速，不行而至。」因為神妙，所以能夠不急而自然快速，不動而自然達到。我們常說「牽一髮而動全身」，可以從「動一爻而全卦變」獲得可靠的印證。關閉門戶叫做「坤」，打開門戶即為「乾」。一關一開，便產生世間所有變化。來往變化而不窮，那就是「會通」；把變化顯現出來，即成為「表象」；用來造成有形的東西，就稱為「器具」；製作器具而使用它，就叫做「效法」。反覆不斷地利用器具、熟練方法，百姓日常生活都在用，卻不明白其中的道理，這便是神妙。我們把神奇、神妙、神通，合起來通稱為「神」。

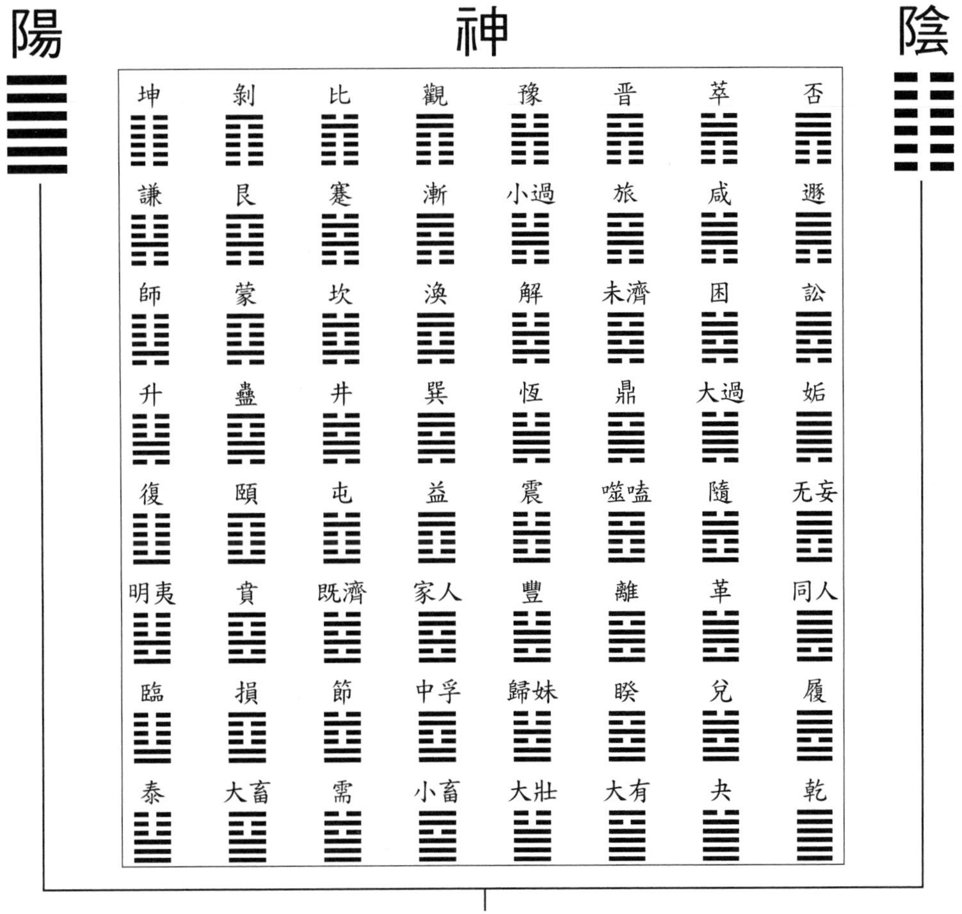

無三不成禮，果然一分為三

六、占筮是易經和人的橋樑

《易經》將世間萬事萬物，歸納成六十四種不同的情境，每一情境又劃分為六個階段，分別加上卦辭和爻辭，用以提醒我們：必須適時、適位，做好合理的調整。《易經》本身並沒有思慮，也沒有實際的作為，它只是寂靜不動，卻能透過陰陽交感而通曉萬事萬物，實在是天底下最為神妙的道理。

問題是，我們對於自己的定位，往往很難掌握。到底現在處於何種情境（卦象）？未來會有什麼樣的變化？著實有著很多的迷惘與困惑。此時可透過占筮，以占問的方式，來向《易經》諮詢；而《易經》也接受諮詢，用卦爻辭來解答我們的疑惑。無論是遠的、近的；看得見的、看不見的；方便開口的、難以提問的，都能獲得概略的解答，幫助我們瞭解自己，明白如何妥善因應當前的變化。如此一來，占筮就能成為人們與《易經》之間的橋樑。使我們的疑惑，能透過占筮的方式，來獲得《易經》的解答。最要緊的，還是每占一卦，便對這一卦做出一番的研究與瞭解。久而久之，對於六十四卦的內涵，便會有了更為深刻的領悟。以後遭遇任何狀況，都能夠快速地和六十四卦中的某一卦做出合理對應，達到「善易者不卜」的高明境界，若能如此，也就可以「不占而已矣」了。

在尚未完全熟悉《易經》之前，藉由占筮來熟悉每一卦的卦爻辭，做出妥當的應用，豈不是「觀其變而玩其占」，其樂無窮嗎？占筮本身不可能迷信，反而是人在迷信。只要我們能夠把握住自己，又何必對占筮產生恐懼反應呢？何況，把自己切身相關的問題，交託給他人占問，總是不如自己占筮、自己解惑，有必要時再向可靠人士請教來得妥善而穩當。

人

人有疑惑、恐懼
不知如何是好？
卻又不明易理，
有時還聽不入耳，
或者聽不明白，
也可能知道卻做不到。
只好用占筮做橋樑，
每占一卦，
便探究這一卦的義理
逐漸明白正道在哪裡。

占筮

藉由占卦明白易理

《易經》

《易經》六十四卦，
分別代表六十四種不同的情境。
人遇到困惑，
無法明確做好定位時，
可以透過占卦解惑，
就像我們常用的衛星定位。
自己占卦自己解，
有疑難時再請教高明人士。
把占卦當做溝通橋樑，
大家都很容易進入《易經》的天地。

我們的建議

1 占卦之前，最好能對占筮的原理，有比較清楚的認識。認清占卦只能用來輔助我們的言行，不能當做非如此不可的決斷。人必須發揮自主性，不可以把易卦看成自己的主宰。

2 任何一種推論，都有其局限性，也就是在某種條件下，才能夠成立。占筮的結果，不能用鐵口直斷來看待。不幸的是，有很多人喜歡鐵口直斷，認為這樣才顯得有把握，因此造成了妄下論斷的歪風，而且還持續地增長。

3 凡事最好只問應不應該，不必過分擔心結果會怎麼樣？應該做的事，即使再困難、再危險、再辛苦，也應該努力以赴。不能夠先占筮一卦，看看結果是吉是凶，才決定要不要做？這樣的處事態度未免太投機，也太不負責任。

4 占卦的目的，在於「應該做」的事，過程中該當如何趨吉避凶，使其能夠更加順利、有效。在不影響「要不要做」的先決條件下，進行占筮，以期知己知彼，行事時更有把握，這樣就對了！

5 神或不神？被很多因素所左右，最好能在占卦之前，先仔細弄明白。對於占卦的方式和心態，以及應該注意的局限性，有了清楚的認識，然後才試著占卦，就會比較安全而有效。

6 接下來，我們將說明〈繫辭‧上傳〉所記載的占卦方法，並介紹其他常見的占卦方式，提供大家自行抉擇。至於要不要占卦？什麼時候開始占卦？採用哪一種方法占卦？則悉聽尊便。

《第二章》

數位和造化
有何關係？

占卦是由數位的變化來造卦，
一二三四變出六七八九，十分有趣。

把自己的處境和心態，懸掛出來，
可以減少當局者迷的情境，有利於定位。

數和位的配合，造出本卦，稱為造卦，
六和九是變爻，可形成「之卦」，也叫做「變卦」。

占卦的方式有很多種，各有巧妙不同，
大衍之數，用四十九支蓍ㄕ草，應該最為正宗。

雖然花費較多時間，卻有助於安定自己，
定而後能靜，靜而後能安，有助於預測未來。

經由占卦來認識卦爻辭的真正用意，
對於易理的深入瞭解和領悟，可說是大有助益。

一、用數和位表示一個卦象

占卦的過程，是透過「數」的變化，給予合適的「位」，把它組合成為一個卦象，然後才進行解卦，以期獲得相關的啟示。

我們已經知道「極數知來之謂占」，便是透過數的變化，來預測未來的變化。《易經》以奇數（一、三、五、七、九）象徵天數，以偶數（二、四、六、八、十）表示地數。所以〈繫辭・上傳〉說：「天一、地二、天三、地四、天五、地六、天七、地八、天九、地十。」天數「一、三、五、七、九」加總起來，為二十有五；地數「二、四、六、八、十」的總和為三十，所以說天數二十有五，地數三十，凡天地之數五十有五。至於「大衍之數五十」，則是用來起卦的。六十四卦共有三百八十四個爻，其中陽爻、陰爻各佔一半，也就是各有一百九十二個爻。古人以蓍草占卦，便是用「大衍之數五十」——拿五十支蓍草做成的蓍策來進行占卦。依據一定的方法，把每一爻的數（六、七、八、九）找出來，按照先後所得的陽爻（七、九）或陰爻（六、八），由下向上，安排在合適的位置，這樣六爻成卦，起卦的過程即告完成。

蓍策的推演過程，以及六、七、八、九的成因和意義，我們在下一節會有詳細的說明。七為少陽，九即老陽；八為少陰，六是老陰。七、八不變，因為少陽、少陰尚未發展至極，不致窮極而變；六、九變，則表示老陰（六）變成少陽（七），而老陽（九）也會變成少陰（八）。所起的卦，六爻當中有九或六的，即有變卦。如果六爻都由七或八構成，那就沒有變卦了。

占卦就是數位的變化

數

奇數即天數，
偶數為地數。
天數二十有五，
地數三十，
天地之數五十有五。
七八不變，
六九變。
占卦時，
都是數的變化。

位

一卦有六位，
天位、人位、地位。
一、三、五為陽位，
二、四、六是陰位。
初九、九三、九五當位，
六二、六四、上六也當位。
把推演出來的數，
安放在既定的位，
數位配合，積爻成卦。

人類老早就在應用數位輔助制定決策

二、最好先學習正式的筮法

〈繫辭．上傳〉說：「大衍之數五十，其用四十有九。分而為二以象兩，掛一以象三，揲之以四以象四時，歸奇於扐以象閏，五歲再閏，故再扐而後掛。」

「衍」是演繹的意思，「大衍之數」，便是借用廣大的天地之數來演卦。天地之數，加起來總共五十有五，怎麼會變成五十呢？關於這一點，歷來有很多說法，並無定論。我們可以說，一卦六爻，表示有六個位置，必須先虛位以待，把演出來的爻分別掛上去。因此天地之數扣除六位的數，剩下四十有九。但是虛位以待，也要有一個代表來顯示，所以把六位用一來表示，這才構成「大衍之數五十，其用四十有九」。把不用的一支蓍策，當做虛位以待的象，安放不動。剩下的四十九支，隨意（這就是機率）分成兩份，一份拿在左手象徵天，一份拿在右手象徵地，便是「分而為二以象兩」，把那一支象徵六位的爻，視同太極。現在左、右手各有一份，即為兩儀，安放在兩邊，以便推演。由於人自地（母親）生出，因此從右手邊（象地）的那一份當中，抽出一支來象徵人，放在左手的小指與無名指之間，與天（左）地（右）合為三才。接著把右手邊那一份，按四支為一束，象徵四季。最後餘下四支或四支以下的，拿起來夾在左手的無名指與中指之間，象徵閏月。同樣將左手邊那一份，每四支為一束，最後餘下四支或四支以下，夾在中指與食指之間，象徵「五歲再閏」。左手上面所夾的支數，必定是九或者五，這樣就完成了第一變。然後進行第二變、第三變，便獲得六爻中的第一爻。同樣再做五次，總共十八變，就造成一個卦。

占筮的基本依據

- **大衍之數五十**：用五十支蓍草，來進行推演造卦。
- **其用四十有九**：先拿出一支，象徵太極，也就是不易的原則；其餘四十九支，則用來推演各爻。
- **分而為二以象兩**：把四十九支分為左、右兩份，左為天，右為地，象徵兩儀。
- **掛一以象三**：從右手這一份拿出一支，象徵人。天地人三才俱備。
- **揲之以四以象四時**：把左、右兩份都按照四支為一束的原則，分別把蓍策分成若干束，象徵一年有四季，也就是時的變化。
- **歸奇於扐以象閏**：將右手這一份每四支為一束所餘下的四或四以下的蓍策，夾在手指間，以象徵閏月。
- **五歲再閏**：把左手這一份每四支為一束所餘下的四或四以下的蓍策，夾在手指間，表示五年的再次閏月。
- **故再扐而後卦**：這樣反覆推演，三變成爻，積六爻成一卦。

三。經過十八變造成一個卦

為了方便推演，我們把操作程序分列如下：

1. 雙手持握五十支蓍策，首先拿出一支，感謝伏羲氏給我們啟示：人人都虛位以待，必有光明的前程。把這一支蓍策安放在正前方的桌面上。

2. 推演初爻：

(1)將手中的四十九支蓍策，隨意分開，握於左、右手中。

(2)左手中的蓍策，放在左手邊的桌面上。以左手抽取右手中一支蓍策，放下其餘的。把這一支夾在左手小指與無名指之間。

(3)將右手邊的蓍策，每四支分成一束。把餘下的四支或四支以下，夾在左手無名指與中指之間，以象徵閏月。

(4)將左手邊的蓍策，每四支成一束。把餘下的夾在左手中指與食指之間，以象徵五歲再閏。合起來的總數，不是九便是五。完成第一變。

(5)把左右兩邊每四支為一束的蓍策聚集起來，為四十或四十四支。依第一變的程序，進行第二變。左手中所夾蓍策的總數，不是八便是四，即為第二變。

(6)把桌面上左右兩邊每四支為一束的蓍策，聚集起來，為三十二或三十六支。依序推演，餘下的蓍策，不是八便是四，即為第三變。

(7)計算第三變完成後，桌面上每四支為一束的蓍策，總共有多少束？結果有六、七、八、九這四種可能，把它註記在初位上，便成為第一爻。

3. 依推演第一爻的程序，分別推演出二、三、四、五、上爻，將所得的六、七、八、九的數字註記下來，就完成所要造的卦。總共一十八變，完成六爻。

十八變造成一卦

1. 雙手持握五十支蓍ㄕ策，拿出一支象徵未來的機率。
2. 推演初爻：
   ⑴四十九支分成兩份。
   ⑵右邊這一份拿出一支，然後每四支為一束，把餘下的四或四以下的蓍ㄕ策拿出來。
   ⑶以同樣的方法處理左邊這一份。
   ⑷把左右兩邊的餘策合在一起，如此反覆進行三次。
   ⑸計算每四支一束的總數，共有六、七、八、九這四種可能。
   ⑹記好數字，安放在由下而上的位置上，完成第一爻。
3. 推演二至上爻：
   依照上述程序，由下至上，分別加以註記。
4. 完成造卦，也就是本卦。
5. 如果有變爻，畫出之卦，也就是變卦，完成造化。

四。一二三四衍出六七八九

除了以五十支蓍ㄕ草占卜之外，還有一種常用的占卦方法，便是透過三個硬幣來造出一個卦象。每次占問一個問題，每個硬幣各有正（陽）反（陰）兩面。一共三個硬幣，能產生四種組合。由這一、二、三、四種變化，可推衍出六、七、八、九四種數字。茲說明其程序如下：

1.準備三個硬幣，設定正面為3，反面為2。

2.把這三個硬幣，放在手掌中，集中意念，默想所要占問的問題。合掌中空，搖動三個硬幣，使其在掌心中翻來覆去，然後將硬幣擲於桌面上。

3.依據這三個硬幣出現正面或反面的個數，進行加總計算（正面為3，反面為2），此時可能會出現下列四種組合：

(1)三個都是正面：三加三加三等於九，代表老陽。

(2)兩個正面，一個反面：三加三加二等於八，代表少陰。

(3)一個正面，兩個反面：三加二加二等於七，代表少陽。

(4)三個都是反面：二加二加二等於六，代表老陰。

4.把第一次搖擲出來的結果，註記為第一爻。

5.依次搖擲出第二爻、第三爻、第四爻、第五爻以及上爻，便造成一個卦。

6.按照老陰（六）變少陽，老陽（九）變少陰，也就是六九變七八不變的法則，畫出可能出現的變卦（之卦）。

一二三四	推演出	六七八九
占問一個問題，即為一。 硬幣各有正反兩面，便是二。 三個硬幣一起算，就是三。 總共有四種可能，即是四。 一二三四， 可以造成四種結果， 那就是六七八九。		六為老陰， 九是老陽， 都是動爻，陰會變陽，陽會變陰。 七為少陽， 八為少陰， 都是靜爻，不會變動。 六九變爻，就會出現變卦。

五、之卦又稱為本卦的變卦

不論是以五十支蓍草占卦，或者使用三個銅板（硬幣）擲卦，其結果都是六七八九，代表卦爻的動靜以及變化的狀況。六為老陰，用✕來表示，稱之為「交」。八是少陰，用⚋來表示，稱之為「折」。七為少陽，用⚊來表示，稱之為「單」。九是老陽，用○來表示，稱之為「重」。「單」（少陽）與「折」（少陰）是靜爻，不能變動，所以陰還是陰，陽還是陽。「交」（老陰）與「重」（老陽）是動爻，也就是老陰會變成少陽，而老陽則變成少陰。七八不變，六九變，就是這個意思。

譬如我們占筮出來的數字，自初至上，分別為「九八七七八六」，記號則由上而下，成為「✕⚋⚊⚊⚋○」，唸出來便是「交折單單折重」，也就是初九、六二、九三、九四、六五、上六所構成的豐卦（䷶），是《易經》的第五十五卦。由於六九變而七八不變，原來的「九八七七八六」，會變成「八八七七八七」，成為初六、六二、九三、九四、六五、上九所構成旅卦（䷷），列為第五十六卦。我們把原先卜出來的豐卦，稱為「本卦」；變爻而成的旅卦，叫做「之卦」或「變卦」。我們把這種占卦的結果，叫做「豐之旅」。也可以把豐卦稱為「造」，表示經由占卦所得的六七八九，造出來的卦象；把旅卦叫做「化」，象徵由爻變所化成的變卦。我們喜歡說「造化」，應該和占卦有關。一個人在某一時期的造化，可以從所占出來的「本卦」和「之卦」判斷出來。倘若全卦只有七八而沒有出現六九，那就相對地單純，表示就所問卜的事項，並沒有什麼太大的變化，只要按照這一卦的卦爻辭妥為因應就好。

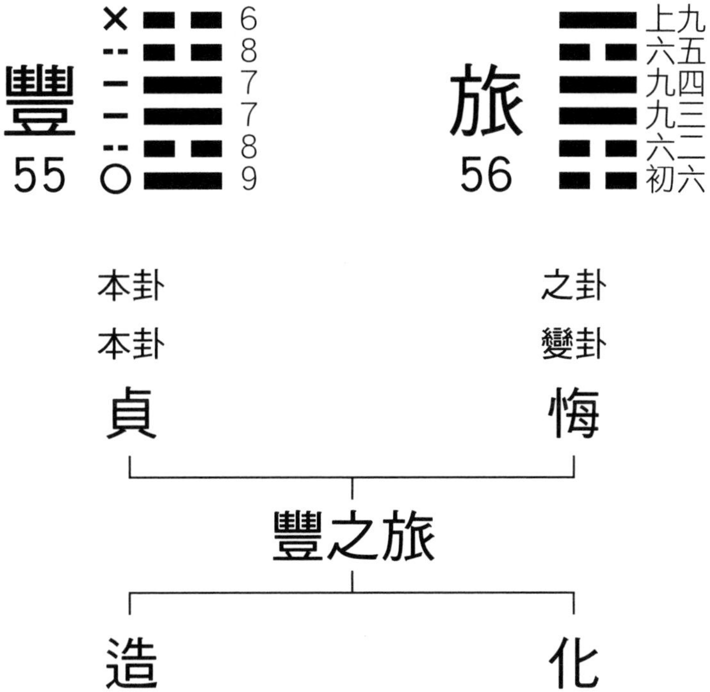
豐
55
6
8
7
7
8
9
旅
56
上九
六五
九四
九三
六二
初六
本卦
本卦
貞
之卦
變卦
悔
豐之旅
造
化

六．藉由占卜瞭解卦的內涵

占卜是人類的公器，不限於占卦，也不僅僅為中華民族所喜愛。撲克牌的起源，也是吉普賽人為求占卜而製作的。梅花、紅心、方塊、黑桃，同樣是火、地、風、水四種自然景象轉化而成，可見人同此心，心同此理，大家都有相去不遠的想法。人類一家，不過是大同小異而已。而民間流行的指紋占卜，歷史也相當久遠，「一螺窮、二螺富、三螺起大厝」的傳言，便是依據指紋來作為判斷命運的參考。漢朝以後道術分離，道學成為考試的科目，製造出大量的兩腳書櫥，只會考試而不知道如何應用。而術數則流行於民間，使得卜筮的風氣十分興盛，各種門派風起雲湧，加上天干地支、五行生剋制化，發展出各式各樣的說法。

我們主張自己占卜、自行解卦，因為自己的事情，當然只有自己最為瞭解。所謂「旁觀者清而當局者迷」，人往往看不清楚自己的處境，弄不明白應有的定位，才會覺得迷惘、疑惑，甚至於恐懼不安。現在透過占卦，經由自己的雙手，配合自己的意念，把實際情況懸掛出來，使自己能夠從「當局者迷」中跳脫，獲得「旁觀者清」的好處，然後參考《易經》的指引，採取合理的因應對策。至於占卦的方法，最好能先熟悉「大衍之數」的方式，比較可以定下心來，獲得更為可靠的答案。初學時以三個硬幣來明白「一二三四」占出「六七八九」的道理，則有助於瞭解占卦和造化的變化。例如前面我們已經占出了「豐之旅」的卦象，接著便可以進行解卦。但由於卜卦容易解卦難，所以我們必須先針對豐卦（䷶）和旅卦（䷷）的卦爻辭，做出一番探討。

占卦 → 明象推理 → 解卦

占卦

由一二三四
演出六七八九
以數位配合
造出「本卦」
如有變爻
化成「之卦」
占好卦象
還必須推理

明象推理

分別找出「本卦」和「之卦」
詳細瞭解卦爻辭的內涵
藉由占卦明白卦理
把象數理的連鎖作用
整理出一個頭緒
每占得一卦
便先研究、瞭解它的義理
將對解卦產生極大助益

解卦

配合實際情況
解讀所占得的卦象
沒有動爻時以卦辭為主
倘有動爻時以動爻為主
卜卦容易解卦難
最好逐漸累積經驗
以期熟能生巧
愈卜愈精準

經由自己的手，配合自己的意念，做好定位，走出未來。

我們的建議

1 「衍」是推演，「大衍之數」便是推演到最周全、最高點的數字。用四十九支蓍草來推演，才能夠演出六七八九的結局。我們相信這是經過無數人、無數次嘗試，所獲得的最佳數字，所以「大衍之數五十，其用四十有九」。

2 「三變成爻，十八變成卦」的占卦結果，可發現獲得「六」的機率最少，僅佔十六分之一；獲得「九」的機率次之，佔十六分之三；獲得「七」、「八」的機率較高，七為十六分之五，八有十六分之七，這是根據數學計算所得到的數字。常言道「世事多變」，但實際上「不易的」還是比「變易的」要多上許多。

3 我們在「變」與「不變」之間，發現「不變」的成分，高達百分之七十五；而「變」的比例，不過是百分之二十五。反觀現代高唱「求新求變」，勢必造成很大的禍害，值得大家深思。

4 若純粹以機率而論，在一卦之中，靜爻佔四分之三，動爻佔四分之一，靜爻多於動爻。但實際占卜時，表現卻不盡然，有時動爻高達三爻以上，象徵所占問的事項多有變化。

5 靜爻代表不變的本質，動爻表示變化的動向。解卦時固然要看動爻以定吉凶，也必須看靜爻以顧根本。動靜咸宜，諸事才得以安寧，不能有所偏廢。

6 解卦的方式，請待我們說明豐卦（䷶）和旅卦（䷷）的內涵之後，再以「豐之旅」為例來詳加解說。為什麼內卦為貞、外卦為悔；而又以本卦為貞，之卦為悔？屆時自然能夠獲得解答。

《第三章》

豐卦六爻
有什麼內涵？

豐卦是相當特殊的一卦，
不相應的爻才有利，相應的爻反而不利。

初九與九四以剛對剛，彼此勢力均衡，
六二與六五以柔對柔，也能保持平衡。

只有九三與上六陰陽相應，不能平衡，
九三尚能无咎，上六盲目行動則有凶禍。

豐卦下離上震，象徵電雷皆至、威明俱足，
令人心生畏懼，因而務實守中。

君子看到這種自然景象，便採德威兼施的作風，
透過法令折獄用刑，以促進社會安寧和諧。

日麗中天，勢必向西傾斜，此乃自然規律，
豐道要旨即在堅守中道，千萬不能驕傲自滿。

一、初九適度保持均衡无咎

豐卦（䷶）卦辭：「豐，亨，王假之，勿憂，宜日中。」「豐」是卦名，意義為大，而且是非常大，才能叫做「豐」。我們常說豐盛、豐大、豐富，聽起來難免偏於物質方面的豐沛盛大。現在卦名為「豐」，重點卻在於大，希望我們能兼顧「物質」和「精神」雙方面，唯有如此才能夠亨通。因為致豐之道，必須品德修養良好，才有長期保持的可能。「王」指君王，「假」為至，也就是到達的意思。「王假之」，君王實施德政，由於知人善任，好不容易達到豐盛的局面，接著就會開始憂慮是否能夠長久地持盈保泰。「勿」為無，「勿憂」便是君子要設法讓自己沒有這種憂慮，維持日正當空、普照天下，使萬民得以共享。「宜日中」，就是像太陽那樣，位居中天，保持豐大的狀態。

初九爻辭：「遇其配主，雖旬无咎，往有尚。」小象說：「雖旬无咎，過旬災也。」初九與九四雖然不相應，但在雷電皆至的情境中，「初」為雷為始位，「四」是雷的始位，兩者都陽剛健壯，正好互相配合。「遇其配主」，意思是初九當位，剛要發出電光，就遇到九四配主的大力配合，因而雷電皆至，聲勢壯大。「旬」指十日，數起於一而終於十。「旬」為滿數，「過旬」便是過量。「雖旬无咎」，是指保持在十日之內，不致過分盈滿，那就沒有禍害。「尚」是嘉尚，「往」即行為。按《易經》通例，初九與九四不相應，應該會有缺失，現在雷電皆至，彼此互相配合，可以无咎，但是時間不能過久，才能獲得大家的嘉尚。倘若過旬，也就是時間太久，大家無法承受，那就會成為災難了，所以說「過旬災也」，啟示我們：凡事皆應適可而止，就算豐盛也不能過分。

豐 55 ䷶

初九，遇其配主，雖旬无咎，往有尚。

初九以陽居陽位，又與九四分居下離與上震的始位，彼此都顯得陽剛健壯，正好能夠互相配合。初九剛發出電光，就遇到九四配主的大力配合。閃光一現，雷聲便到，大家都知道近在咫尺，不敢掉以輕心。雷電皆至的聲勢壯大，倘若發生的次數太多，大家都會承受不了。「旬」指十天，保持在十日之內，大家維持高度警覺，尚能无咎。若是時間拖得太長，勢必造成大家生活上的不便，那就有咎了。「往」是行為，「尚」為嘉尚，這種適可而止的雷電交加，才值得嘉尚，啟示我們：凡事皆應適可而止，不能過分。

適度保持恩威並濟的均衡，可以无咎。

二、六二誠實守中可獲吉祥

豐卦（䷶）彖辭說：「豐，大也，明以動，故豐。王假之，尚大也；勿憂，宜日中，宜照天下也。日中則昃，月盈則食，天地盈虛，與時消息，而況於人乎？況於鬼神乎？」

「豐」指卦名，意思是豐大，兼顧物質和精神雙方面的豐沛盛大。豐卦下離上震，「離」為明，「震」即動，所以說「明以動」，光明加上活躍，因而豐大。君王能夠達到如此境界，是由於崇尚品德與才能並重，以德本財末來知人善任，使大家不用憂慮。但是，日中不可能永恆，很快就會西斜，因為天地的盈滿與虧虛，必然會隨著一定的時宜而交替。消亡與生息互為循環，又何況是人？又何況是鬼神呢？卦辭雖然說「亨通」、「勿憂」，實際上則潛藏著「盛極必衰」的憂患與危機啊！

六二爻辭：「豐其蔀，日中見斗，往得疑疾，有孚發若，吉。」小象說：「有孚發若，信以發志也。」「蔀」是指太陽為烏雲所蔽，「斗」即北斗星。

六二和六五不相應，但分居下離和上震的中爻，勢均力敵。初九與九四可動，而六二和六五卻不宜動，這是什麼道理？因為六二得中，稍微一動，便過中而受到烏雲的遮蔽，以致日中而昏，暗到看得見北斗星。譬如賢士正當事業豐盛的時候，遭受阻礙與打擊，此時倘若還要向上與六五配合，非但不能有所成就，反而容易引起六五猜疑，招惹憂患。幸好六二當位，又居中得正，憑藉誠信，謹守中道不輕舉妄動，終於逐漸獲得六五的諒解。六五同意動時才動，否則就不動，所以吉祥。「信以發志」即是將內心的誠信發揮出來，以消除疑惑，自然吉祥。

豐 55 ䷶

六二，豐其蔀ㄅㄨˋ，日中見斗，往得疑疾，有孚發若，吉。

「蔀ㄅㄨˋ」指太陽為烏雲所蔽，「斗」為北斗星。六二以陰居下離中爻，和六五分居下離和上震的中位，勢均力敵。初九與九四都可以動，而六二和六五都不宜動，這是因為居於中位，稍微一動就會歪斜，好比受到烏雲的遮蔽，以致日中而昏暗，連北斗星都看得見。此時六二如果還要向上與六五配合，不但不能有所成就，反而容易引起六五的猜疑，徒然招惹憂患。幸好六二當位，憑藉誠信居中的態度，守正而不妄動，應該可以吉祥無礙。倘若不顧一切輕舉妄動，那就不好了！

日正當中卻昏暗得出現北斗星，此時必須固守誠信才能獲吉。

三、九三過中愈動就愈不明

豐卦（䷶）大象說：「雷電皆至，豐；君子以折獄致刑。」豐卦下離上震，離為火，震為雷。打雷的時候，常常伴隨著電火。雷的威勢，發出電的閃光。雷電皆至，令人覺得氣勢豐沛盛大，威明俱足，因而心生畏懼。君子看到這種自然景象，便仿傚雷的威勢以「折獄」，也就是決斷審理的案件；模擬電的光明以「致刑」，也就是動用刑罰。明斷案件，能減少冤獄委屈；嚴厲用刑，目的則在於懲惡，以減少強暴霸凌。為求維持豐盛的美景，必須折獄用刑，以保障社會的安寧。

九三爻辭：「豐其沛，日中見沬，折其右肱，无咎。」小象說：「豐其沛，不可大事也；折其右肱，終不可用也。」「沛」指太陽被雲層掩蔽不明狀。九三當位，為下離的上爻，原本光明，但是與上六陰爻相應，好比被烏雲掩蓋般，反而變得不明，所以說「豐其沛」。「沬」是小星，九三和上六一強一柔，力量不均，在這種情況下，愈動就愈不平衡。就好比日已過午，太陽剛剛西斜，整個天空烏雲蔽日，變得更加黑暗，以致北斗星後面的小星也能看見。此時應該格外小心，不宜輕舉妄動，否則可能折斷右臂，反而對自己造成傷害，譬喻賢明之士，處在黑暗的時代，卻不知明哲保身，反而還想大放光明，弄得做事的右臂折傷了，依然還舞動著左臂奮勇向前，最終還是落得毫無成果的下場。既然環境不允許做大事，不如暫時退隱，明哲保身以免過咎。好比斷了右臂的人，至少要保持左臂的安全，以求无咎。九三的光明為上六所掩蔽，相當於斷了右臂，此時必須小心防範，免得左臂也受到傷害。

豐 55 ䷶

九三，豐其沛ㄆㄟˋ，日中見沬ㄇㄟˋ，折其右肱ㄍㄨㄥ，无咎。

九三當位，居於下離的上位，原本相當光明，但是與上六陰柔相應，就好比被烏雲掩蓋，反而變得不明。「沛ㄆㄟˋ」為不明，而「沬ㄇㄟˋ」即小星，昏暗不明到連北斗星後方的小星都看得到。此時必須格外小心，倘若輕舉妄動，很可能折斷右臂，使自己失去做事的能力。既然環境不允許人做大事，倒不如暫時退隱，明哲保身，以免過咎。九三的光明為上六所掩蔽，相當於折斷了右臂，必須小心防範，以免左臂也受到傷害。

大環境不適合做大事時，最好明哲保身，以免招致災禍。

四．九四位不當要主動積極

〈序卦傳〉說：「得其所歸者必大，故受之以豐。豐者，大也。」豐卦（䷶）是《易經》第五十五卦，前一卦為歸妹卦（䷵），兩者都是三陽爻三陰爻的卦，上卦同樣是雷，只差在下卦一為電、一為澤，有所不同。實際上，歸妹的九二和六三，互相交換位置，便成為豐。歸妹講少女出嫁，不宜急就強求，順其自然比較好。倘能永守夫婦之道，彼此合作無間，必能促成家庭的豐沛盛大，所以緊接著便是豐卦。既然得來不易，更應該求豐保泰、思患預防，以遠離憂慮。

九四爻辭：「豐其蔀（ㄅㄨˋ），日中見斗；遇其夷主，吉。」小象說：「豐其蔀（ㄅㄨˋ），位不當也；日中見斗，幽不明也；遇其夷主，吉行也。」九四和六二同樣「豐其蔀（ㄅㄨˋ）」，意指太陽被烏雲掩蔽，天空昏暗到連北斗星都看得見。但是六二上與六五互助，九四卻下與初九難以協力，這是什麼道理？其實是因為九四以陽居陰位，又為六五陰爻所乘，好比自身原本就不明，現在又位於上震的主爻，更加不明。一方面位不當，一方面又幽暗而不明，自然是「豐其蔀（ㄅㄨˋ），日中見斗」。「夷」是均等的意思，「夷主」是指初九。初九是下離初爻，九四為上震初爻。初九始明而九四始動，互助配合，因此稱為初九遇其配主九四。現在九四與初九相遇，由於九四不當位，倘若能爭取主動，以均等的態度，與初九夷主共商豐道大計，也可以獲得吉祥。《易經》通例，凡事只要配合得宜，便可以化凶為吉。九四位不當而「幽不明也」，但若能主動以吉道行之，仍然會有吉象。九四為上震卦主，應該要有這樣的認識和動力，主動積極地與初九互動。

豐 ䷶ 55

九四，豐其蔀ㄅㄨˋ，日中見斗；遇其夷主，吉。

九四和六二同樣「豐其蔀ㄅㄨˋ，日中見斗」，然而，六二上與六五互助，所以遇其配主。九四為上震的始位，自身能動，必須向下尋求支援，才能動得合乎正道。九四本來就不明，幸好遇到初九是明的始位，又與初九同為剛健的陽爻。倘若九四爭取主動，與初九共商豐道大計，把初九當做夷主，也就是平等對待的互動對象，應該可以獲得吉祥。

位不當時必須爭取主動，以求得到配合的對象。

五。六五來章獲得慶幸美譽

〈說卦傳〉指出：「離為火，為日，為電」；「震為雷，為決躁。」豐卦（䷶）下離上震，象徵雷電皆至。彖辭曰：「明以動，故豐。」內在的電光與外在的雷聲相配合，所以顯得豐沛盛大。豐卦（䷶）的卦義，是「明」與「動」相資以守中，才能保持豐盛。倘若「不明而動」，或者「動而不明」，那就不合於豐道。所以下離光明，初、二、三爻，都要看能不能獲得上震的協力相助，來決定可動或不可動。我們看初九有九四、六二有六五相助，都可以動，只有九三與上六相應，反而失去助力，終不可用。上震能動，四、五、上三爻，要看能不能獲得下離的協助，來判斷其是否動得明智。九四有初九、六五有六二相助，都有吉象。上六與九三相應，反而招致凶禍。

六五爻辭：「來章，有慶譽，吉。」小象說：「六五之吉，有慶也。」六五以陰柔居陽剛的位置，並不當位，但下與六二兩柔相遇，保持均衡，加以六五、九二都在中位。六二之明，還需要六五的動來協助，必須「信以發志」，等候六五之動，才能吉祥。現在六五位居上震中位，不能動而無明，以免輕舉妄動，所以必須主動向下與六二（相當於坤卦六二「不習无不利」的誠信美德）商量，下為來，所以說「來章」，到下離來找六二，使六二的光得以彰顯上震。實際上豐道最可貴的，即為大家心中慶幸而且口中讚譽不絕。六五帶動上震，六二又以明火相配合，自然有慶譽而吉祥。倘若發展到這樣均富的地步，就應該持豐保泰，致力於品德修養的精進，促使社會和諧，彼此互助，提高防患意識，重視下一代的教育。

豐 55

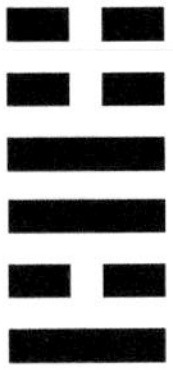

六五，來章，有慶譽，吉。

六五不當位，又是上震的中爻，很可能動而無明。幸好六二為下離中爻，與六五同為陰爻，得以互相配合。六五禮賢下士，主動前來與六二商量，取得六二的誠信相助，反過來彰顯六五。豐道最可貴的，即為大家心中慶幸，而且口中讚譽不絕。六五發展到這樣的境界，最好能夠提高防患意識，重視下一代的教育，才能吉祥。

獲得慶幸的美譽，更應該提高防患意識。

六。上六自蔽聰明不見天日

豐盛時代，最令人擔心的是貧富不均的問題。豐卦（䷶）一反《易經》常態，相應的爻，也就是九三與上六，一陽一陰，彼此相去甚遠、差距太大，難以互相協助，所以十分不利；至於不相應的爻，也就是初九與九四、六二與六五，由於雙方勢均力敵，旗鼓相當，可以說是「離日」與「震雷」密切配合，因而初九「往有尚」、六二「吉祥」、九四能行「吉道」、六五也有「慶譽」。上六為豐卦的極位，接下來便是旅卦（䷷），看來物極必反、豐極必衰，不得不遠走以自藏其身，必須要出外旅行了。《易經》通例，到了豐道末端，似乎又回復至正常道路。

上六爻辭：「豐其屋，蔀其家，闚其戶，闃其无人，三歲不覿，凶。」小象說：「豐其屋，天際翔也；闚其戶，闃其无人，自藏也。」「豐其屋」是居住的房屋大而且美，卻「蔀其家」，為茅草所掩蔽，弄得家不像家。上六當位，與九三一柔一剛，顯然不能平衡，就豐道來說，象徵貧富不均。不平衡就不能保持豐盛，貧富差距太大，社會就很難維持安寧。「闚」為窺，從門外窺看屋內，竟然寂靜無人。即使窺看了三年之久，依然一無所見，象徵富有人家蓋了很大的房舍，卻沒想到屋大招風，一場風災吹得屋漏門窗破碎，茅草塞得屋內昏暗，主人不得不棄屋離去。「三」為多，指經歷很長的時間還回不來，這種豐極而毀的情形當然是凶禍。「天際翔」，形容主人像飛鳥一樣，遠走他鄉。上六陰柔，表示將自己深藏起來，並不是別人掩蔽了上六，而是上六自作聰明，不該動而亂動，以致自作自受，自毀光明的前程。

豐 55 ䷶

上六，豐其屋，蔀其家，闚其戶，闃其无人，三歲不覿，凶。

「豐其屋」指居住的房屋大而且美，「蔀其家」但卻被茅草所掩蔽，弄得家不像家。上六當位，與九三相應，這在豐道之時反而不能平衡，也就是貧富差距太大，社會很難保持安寧和諧，所以從門外窺看屋內，竟然寂靜無人。即使觀看了很久，還是見不到人。這是因為屋大招風，一場風災吹得屋漏門窗破碎，茅草塞得屋內昏暗，主人不得不棄屋離去，豐極而毀當然是凶禍！這是上六不該動而動，自毀光明前程所招致的後果。

不該動而亂動，必然自毀光明前程。

我們的建議

1. 豐卦（䷶）下離上震，又打雷又閃電，稱為雷火豐。雷電交加之際，雷聲和閃電，將使天下萬物無所藏匿，不得不現出原形。既是戶戶可聞，又是人人可見，當然顯得十分豐大。
2. 豐道的要旨在保持均衡，以期既能動又能明。倘若失去平衡，不是動而不明，便是明而不動，那就危險了！豐衣足食，還需要社會安寧，才能長保豐盛而勿憂的狀態。
3. 豐卦最特別的地方，即在初九與九四以剛應剛，六二與六五以柔應柔，依《易經》通例，本為不相應，但在豐卦卻象徵「勢均力敵」、「勢力均衡」，反而有利於彼此呼應，互相協助。至於九三與上六，原本剛柔相應的，反而對彼此都不利。
4. 占到豐卦，當然值得慶幸。孔子只有勉勵我們「安貧」，從來沒有倡導「樂貧」。若能做到人人豐衣足食，品德修養良好，不致為富不仁，基本上相當符合人性的需求。
5. 秉持中道，適可而止，與人分享，應該是豐盛時期最重要的修養。心態至關緊要，所表現出來的行為態度更是十目所視、十手所指，稍有不慎，便會造成非議。這樣的說法並非仇富，而是加強大家的責任，以期共同持豐保泰。
6. 至於占到豐卦（䷶），應該怎樣解法？我們等到明白這一次所得到的之卦，也就是旅卦（䷷）的卦爻辭之後，再一併加以說明。旅卦剛好是豐卦的後一卦，其實並非巧合。

《第四章》

旅卦六爻
說了些什麼？

旅卦下艮ㄍㄣˋ上離，象徵山上有火，
「山」指不動的旅舍，「火」為走動的旅人。

旅舍有不同等級，條件不一，
旅人也有不同需求，必須慎重選擇。

但是旅途不同於居家，在外人生地疏，
最好能夠柔順謙和，不要隨便得罪人。

人在物質條件獲得相當程度的滿足之後，
往往還會要求名利方面的待遇，難免過分。

稍有不如意，便盛氣凌人，使人難堪，
倘若遇到出乎意料的凶險，該如何是好？

旅途本來就不安定，很容易有失常道，
最好知足常樂，凡事適可而止，莫要強求。

一、初六準備不足人窮志短

旅卦（䷷）是《易經》第五十六卦，下艮（ㄍㄣˋ）上離，剛好是豐（䷶）的綜卦，可以說兩卦互為一體兩面。豐卦上六，弄得有屋卻難以安居，必須出外旅行。旅卦說明旅行在外，應該堅守正道、柔順因應，既不可過卑，以免自取其辱；也不宜過亢，以免遭人妒忌的道理。所以卦辭說：「旅，小亨，旅貞吉。」「旅」是卦名，意義為行旅。「小亨」指稍有亨通，因為匆匆而過，或為求職，或為避難，終究尚未安定，並不是安居。在這種飄泊不定的日子裡，難有大成，只能獲得小的亨通。旅行在外，必須堅守貞正，隨時注意周遭環境的變化，多加小心，避免造成失誤，才能吉祥。

初六爻辭：「旅瑣瑣，斯其所取災。」小象說：「旅瑣瑣，志窮災也。」「瑣瑣」是斤斤計較某些細小瑣碎的事情，象徵缺乏遠大的抱負。初六不當位，又是下艮（ㄍㄣˋ）的最下位，表示初次離家，缺乏行旅的經驗，心中惶恐不安，不知如何是好，因而處處顯得人窮志短，斤斤計較，使人覺得不夠大方，招來厭惡或妒忌，災難也就隨之而來。「斯」就是這的意思，初六陰居陽位，表現得過於柔弱，這樣的旅人，經常會招致災禍。初六與九四相應，為什麼得不到資助呢？因為九四是上離的初位，離為火，其性質是向上，所以很難向下照顧初九。初次出門旅行的人，最好明白自己的處境，既不可浪費，以免旅費不足；也不能過分吝嗇，否則更是寸步難行。往往由於行動受到限制，造成心志上也受到不良影響，認為隻身在外，人地生疏，不免人窮志短。

旅 56

初六，旅瑣瑣，斯其所取災。

「瑣瑣」指瑣碎的雜務，初六以柔居剛位，象徵簡陋的旅舍，旅人必須自行處理瑣碎的雜務，但相對也只要較少的費用。初六與九四相應，卻由於兩爻都不當位，以致九四無法選擇更好的旅舍，不如既來之則安之，保持知足常樂的心態。但是這樣的棲身之地，終歸不能長久，倘若因此而喪失上進的志氣，那就是自取其辱，所有旅途中的困苦、災難，也都是自作自受。

即使準備不足，也不能因此喪失了上進的志氣。

二。六二待人和善終無怨尤

旅卦（䷷）彖辭說：「旅，小亨，柔得中乎外，而順乎剛，止而麗乎明，是以小亨，旅貞吉也。旅之時義大矣哉！」旅卦的卦名是旅，象徵寄居在外，成為旅人。旅為什麼「小亨」呢？我們從旅卦卦象下艮上離來看，離居上表示在外，艮居下象徵在內。旅客在外不能久留，所以只能稍有亨通。六五以陰柔居外離中位，剛指上九和九四。六五夾在兩剛之間，表示旅客要入境隨俗，以免無處容身。下艮為止，上離為麗為明。旅人最好止絕妄念，明察事理，處處謹慎並且順乎人情，當然會有小亨通。旅途艱困，各地風俗習慣又不相同，如何合理因應才能隨遇而安，這點對旅人而言格外重要。由此可見，旅的時義非常重大。識時務者為俊傑，旅途才能平安順利。

六二爻辭：「旅即次，懷其資，得童僕，貞。」小象說：「得童僕，貞，終无尤也。」「次」指旅舍，「即次」便是就居旅舍。六二當位，與六五不相應，象徵旅客暫住旅舍，無法獲得家的溫暖。倘若要求小亨，必須身懷相當的旅費，最好還要有人陪同。但即使懷有資財，擁有童僕相助，自己也應該守正。六二以柔居下艮中位，上承九三陽剛，有如懷有資財；下有初六比鄰，如果給初六一些資助，也能夠獲得初六的代勞。「懷其資」指存有足夠的旅費，不必像初六那樣斤斤計較；「得童僕」則是在衣食住宿都獲得相當程度的滿足後，才能擁有舒適的旅程。旅途中能夠「懷其資」、「得童僕」，便應當知足。自己待人和善，凡事力求合理，自然沒有怨尤。在這種情況下，如果依然不知足，還有所奢求，那就不可能无尤了。

旅 ䷷
56

六二，旅即次，懷其資，得童僕，貞。

「次」即旅次，指旅途中的旅舍。六二居下艮ㄍㄣˋ中位，又是當位的爻，象徵提供服務的高級旅舍。上與六五並不相應，表示住宿六二這樣的旅舍，必須懷有足夠的資財，才能獲得童僕的服務。但是六五就算負擔得起高級旅舍的費用，仍應該謙虛待人，表示合適的旅人，住進了合適的旅舍，各得其正。

慎選合乎需要的旅舍，費用與勞務供應取得平衡。

三。九三客舍被燒毀很悲傷

旅卦（䷷）大象說：「山上有火，旅；君子以明慎用刑而不留獄。」旅卦下艮（ㄍㄣˋ）為山，上離為火，象徵山上有火。山是靜的而火是動的，好比旅人在日落後投宿旅舍，休憩一夜，翌日清晨太陽升起時，又再度踏上了旅途。君子看到這種行旅的景象，於是在審理刑案時，便有如山那般的穩重謹慎，非不得已時，才會入人於獄，就像山上的火隨著草木而行，並不停留，所以不使犯人久留獄中，積留不決，也就是不拖延的意思。

九三爻辭：「旅焚其次，喪其童僕，貞厲。」小象說：「旅焚其次，亦以傷矣；以旅與下，其義喪也。」「焚」指燒毀，「次」是所居住的旅舍。九三當位，以陽剛居下艮（ㄍㄣˋ）的極位，並不得中，與上九又不相應，好比行旅途中行為過亢，不以現況為滿足，桀驁不馴。此外，還下據六二與初六，把他們當作童僕使喚。如此剛亢的態度，導致住宿的房舍被燒毀，所使喚的童僕也逃走了，顯然有違旅的正道，必須自反自律，及時守正，以防止危險，所以說「貞厲」。失正道就不能隨遇而安，旅舍被毀，令人悲傷。在旅途中對待童僕過分苛刻，當然會導致童僕各自逃走的下場。九三毀舍喪僕，難免危厲，必須及時守正才能挽回。

初六為了生活，在旅途中不免要做一些瑣事以求糊口。六二有資財也有童僕，應該知足。可是九三卻不知自制，居然毀舍喪僕，象徵物質生活滿足之後，又向名利方面動腦筋，弄得當地人不滿，聯手給予打擊，甚至還可能客死他鄉。旅卦九三最好能記取乾卦九三「終日乾乾，夕惕若厲」的教訓，在旅途中尤其要明白人地生疏的處境，才能常保无咎。

旅 56

九三，旅焚其次，喪其童僕，貞厲。

九三當位，卻與上九不相應，象徵九三是豪華奢侈的旅舍，而上九則是驕傲自大、得意洋洋的旅客。九三居下艮上爻，近於上離的明火，倘若引來驕客，卻惹毛了看不順眼的人，一怒而燒毀房舍，服務人員逃走，豈不危險？必須居安思危，特別加強維安，防止意外發生。保持正常狀態，以免過剛不中，招致危厲。

豪華旅舍更應該加強安全措施，以免招致危厲。

四。九四未得位心中不愉快

旅卦（䷷）山上有火，下艮象徵靜止的山，用來譬喻不動的旅舍；上離象徵火勢由一處燒過一處，用以譬喻一站又一站，只停留幾天便離開的旅客。依現代觀點，初六好比自助式旅舍，適合年輕人投宿，花費少、勞務多，可用以增廣見識，有助於磨練自己。倘若因此而失志，認為這樣的旅舍便可自我滿足，恐怕將來年紀大了，很可能會難以適應。六二好比服務型旅舍，花費多一些，凡事有人代勞。旅客來自各地，各人自有一套，不必在這種地方過分招搖，以免招惹嫉妒或懷疑，反而徒增苦惱。九三好比豪華奢侈型旅舍，花費多如流水，服務人員勢利眼，只要稍不留意，便很可能招來危厲，必須特別小心。

九四爻辭：「旅于處，得其資斧，我心不快。」小象說：「旅于處，未得位也；得其資斧，心未快也。」「處」指暫時棲息的地方，比「次」還差一些。九四是上離的開始，以陽居陰，象徵處位不當。上離代表旅人，九四剛明，卻由於與初六相應，和六五又很親近，表示九四柔而謙下，又能親上，也就是謹守旅道，因而獲得資助，可以支應旅途所需。既然如此，為什麼九四還會覺得「我心不快」呢？這是因為「處」畢竟不如「次」，有如得到了一塊荊棘叢生的土地，還得自己使用刀斧去披荊斬棘，必須努力開拓，才能勉強安身，當然心中感到不愉快。我們用「資斧」做為旅費的代名詞，表示只能找初六這樣簡陋的旅舍，自己要付出很多勞力，更談不上高枕無憂，所以「心未快也」。年紀大的人，最好不要自助旅行，去入住到那種自助式旅舍，與年輕人一起和時間賽跑，如此一來，怎麼可能會感到愉快呢？

旅 56

九四，旅于處，得其資斧，我心不快。

下艮ㄍㄣˋ倘若代表旅舍，上離便是旅人的象徵。九四不當位，雖然剛明，卻由於居陰柔的爻位，又與初六相應，以致選錯了房舍，找到比「次」還要差一級的「處」，表示僅能棲身，還得要靠自己處理雜務。雖然有資財，也有工具，卻有如得到了一塊荊棘叢生的土地，必須自己使用刀斧去披荊斬棘，努力開拓，才能勉強安身，心中當然感到不愉快。

選錯了房舍，勞累了自己，得不償失，因而心中不快。

五．六五適可而止獲得美譽

旅卦（䷷）與豐卦（䷶）互綜，表示旅卦由豐卦演變而來，也是豐的循環。豐的盡頭是棄家出走，到處旅行。而旅的盡頭，也是為了重新恢復已經失掉的豐，否則豈不成了顛沛流離的流浪漢，連最起碼的本錢都沒有，不可能再繼續旅行了。旅行倘若是為了創造豐盛，那就不能失其正，也就是不能把旅行當做享受，以致流連忘返，失去了重建豐道的志氣。所以說旅只能小亨，不能大亨。到處旅行，固然可以增廣見聞，但是滾動的石頭不生苔，似乎連根基都紮不穩。

六五爻辭：「射雉，一矢亡，終以譽命。」小象說：「終以譽命，上逮也。」六五以柔居剛位，上被上九所據，象徵喪失自由；下乘九四陽剛，好比失去安全。幸好六五居上離中位，能夠秉持中道，對上承順上九，對下親比九四，疏解了上下的威脅，獲得旅途的平安。「雉」指山雞，羽毛光彩鮮明。六五這位旅人，待人和氣，行事合理，就算射山雞時並不順利，失去了一支箭，最後仍然得到榮譽。古代被任命為官吏時，有時會以山雞當做禮物，獻給君王以表謝恩，象徵立身處世光明磊落。「逮」是及的意思，上指上九。六五順承上九，表示旅行畢竟不如安居，偶一為之，能夠獲得某些樂趣。若是長期奔波，當然不得安寧。六五適可而止，及時終結旅的生活，雖然射不到山雞，反而失去了一支箭，但以正待時，終能獲得自知之明的美譽。離明的美德，在於普照大地，把旅行的寶貴經驗傳承給後人，而不是不顧自己的財力、體力，仍然執意四處奔波，勞師動眾，以致永無安寧之日。

旅 56 ䷷

六五，射雉ㄓˋ，一矢亡，終以譽命。

六五以柔居上離中位，雖不當位，卻能秉持中道。一方面承順上九，一方面親比九四，以和順知足的旅道，獲得旅途的平安與滿足。「雉ㄓˋ」指山雞，羽毛光彩鮮明。六五這位旅人，待人和氣，行事合理，但與六二不相應，象徵射山雞時，一射不中，反而丟掉了一支箭。但是九五追求舒適而不奢侈，不捨棄六二而取九三，終能獲得良好的美譽。這時候要感謝上九的寶貴借鏡，使六五能夠適可而止，不必承受無家可歸的痛苦。

凡事適可而止，追求舒適卻不奢侈，才能獲得美譽。

六、上九鳥焚其巢先樂後憂

現代交通便利，通訊也十分發達，把旅行當做一種樂趣，也成為國際交流的有效方式。商人為了促進貿易，互通有無，經常往返於世界各地，稱為行商。倘若結隊而行，即為商旅，還可以參加旅行團到處觀光，成為重要的休閒活動。

九四心中不快，乃是由於不能衡量自己的實力，做好合理的定位，所以旅行時備極辛苦。六五獲得美譽，是由於量力而為，適可而止，對自己、對別人都不致太過勞累。上九旅人輕忽高傲，喪失了順德，有如巢焚鳥死，必有凶禍。

上九爻辭：「鳥焚其巢，旅人先笑後號咷。喪牛于易，凶。」小象說：「以旅在上，其義焚也；喪牛于易，終莫之聞也。」上九以陽剛取旅卦極位，又是上離的上爻，違反了旅道以貞為吉的原則。「鳥焚其巢」，象徵離火燒毀了居處。上九旅人原本高高在上，得意洋洋，而且驕傲自大，現在旅舍被燒毀，無處可安身，怎能不號啕大哭呢？「易」指場，也就是田畔。牛為柔順的動物，在田畔丟失了牛，表示上九旅人喪失了旅道應有的柔順德性，終究招致凶險。「莫之聞也」，對牛來說只是找不到，對旅人來說，那就是在外遭殃，終歸無人聞知，更加悲慘！旅卦的主旨，在闡述求取安定的原則。旅途象徵不安定，在旅的狀態下，很容易遭遇不正常情況，必須自己堅守正道，處處求取合理，並且謙虛待人，不斤斤計較，才能轉危為安。倘若有恃無恐，得意忘形，恐怕將難逃凶險的命運。旅道走到上九，顯然是奔波久了，想要伏下來休息，所以緊接著下一卦便是巽卦（䷸）。

旅 56

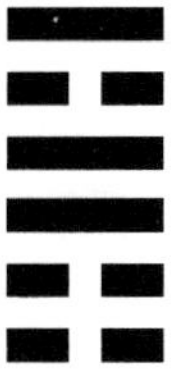

上九，鳥焚其巢，旅人先笑後號ㄏㄠˊ咷ㄊㄠˊ，喪牛于易，凶。

上九居旅卦極位，明火至極，明知與九三不相應，仍要選擇九三這樣的豪華旅舍。結果由於上九高高在上，洋洋得意，並且驕傲自大，以致旅舍被燒毀，有如鳥巢被毀，落入無家可歸的困境。旅道以貞正為吉，上九不當位，而且高傲狂妄，是招來災禍的徵兆，先是得意歡笑，結果卻是號啕大哭。牛為順服的動物，「喪牛」象徵上九喪失順德。「易」為場，也就是田畔。在田畔丟失了牛隻，表示上九失去了旅道應有的柔順德性。對旅人來說，相當於在外遭殃，終歸無人聞知，十分悲慘。

旅人在外遭殃，大多是由於喪失順德，以致先樂後憂！

我們的建議

1 旅卦（䷷）艮下離上，象徵山上有火。旅人走到哪裡，火就生到哪裡，必須格外重視品德修養，不可以胡作非為。保持貞固，才能獲得大家協助，得到吉祥平安。

2 偏偏有很多人，認為自己來到陌生的地方，反正大家並不認識我，因而胡作非為，導致招來橫禍。象辭對此特別提出「旅之時義大矣哉！」的警示，便是說明旅途中不比在家，一定要多多留意，否則一旦「鳥焚其巢」，到時就算是號啕大哭，恐怕也是無濟於事。

3 出外旅行，離開自己原本的居住地，由於人地生疏，必須入境問俗，並且入境隨俗，才不致因為無知而得罪他人，或者因為不熟悉而損失錢財。即使小心翼翼，也不如在家鄉那樣方便。離鄉背井畢竟只能小亨，切記不可忘本。

4 旅行在外，最要緊的是安全至上。猶太人的原則是寧可多花錢找安全的旅舍，而在飲食方面省吃儉用。那我們的原則是什麼呢？是不是剛好相反？要怎樣處置才合理呢？

5 《易經》以久安為大亨，而旅為小亨，可見旅人難以久安。我們看六五以柔居上離中位，夾在上九與九四兩剛之間，怎麼可能久安呢？上離象徵止絕妄念，才能暫時得到安寧。

6 人生苦短，在世上有如旅遊一般，如何善用旅道，讓旅途平安順適，正是每一個人在研讀旅卦（䷷）之後應該深思的課題。爭千秋不爭一時，從這裡可以得到極好的詮釋。

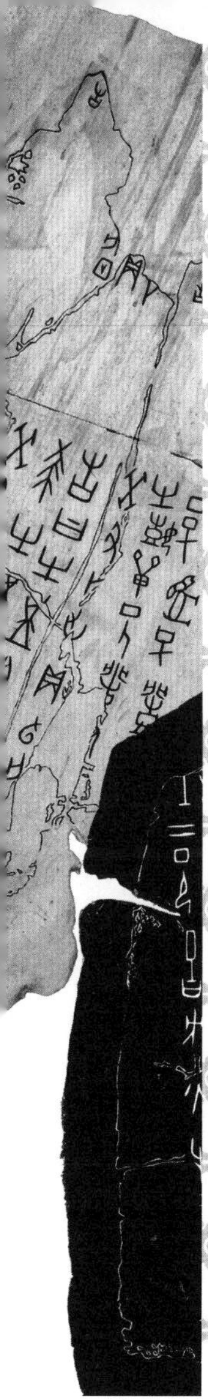

《第五章》

占到豐卦

如何斷吉凶？

占到豐卦，倘若六爻不變，
可依本卦的彖(ㄊㄨㄢˋ)辭來決斷吉凶。

若是有一爻變，那就是出現變卦，
此時可依本卦的變爻來做出決斷。

若是有兩個變爻，同樣也是有變卦，
可依據本卦的這兩個變爻來斷吉凶。

倘若有三個變爻，表示兩卦勢均力敵，
當然要以本卦和變卦的彖(ㄊㄨㄢˋ)辭合起來決斷。

四爻變或五爻變，重心移轉到變卦，
可以拿變卦的兩個或一個不變爻來決斷。

六爻齊變，那就成為本卦的錯卦，
應該以變卦的彖(ㄊㄨㄢˋ)辭來決斷吉凶。

一・每一卦都有很多的變化

占到豐卦（䷶），其數位的配合，有下列九種機率：

1.由７８７７８８也就是⚋⚋⚊⚊⚋⚊（折折單單折單），六爻都是靜爻，沒有動爻可變，所以只有本卦，並沒有變卦。換句話說，得到相對單純的豐卦。

2.由９８７７８８也就是折折單單折重，初九變爻成初六，就成為豐（䷶）之小過（䷽）。本卦為豐，變卦為小過。

3.由７６７７８８也就是折折單單交單，六二爻變成九二，就出現豐之大壯。本卦為豐（䷶），之卦為大壯（䷡）。

4.由７８９７８８，亦即折折單重折單，九三爻變成震卦（䷲），也就是豐之震，本卦為豐而變卦成震。

5.由７８７９８８也就是折折重單折單，九四爻變為明夷卦（䷣），稱為豐之明夷，貞為豐而悔成明夷。

6.由７８７７６８也就是折交單單折單，六五爻變即成革卦（䷰），叫做豐之革，由本卦豐變卦成革。

7.由７８７７８６也就是交折單單折單，上六爻變成為離卦（䷝），稱為豐之離，便是原本造出豐卻化成離。

8.初九、六二爻變，為豐之恆。初九、九三爻變，成為豐之解。初九、九四爻變，即成豐之師。豐卦兩爻變，共有十五種可能。

9.豐卦三爻變，有二十種可能。四爻變，有十一種可能。五爻變，有四種可能。六爻全變，有一種情況即為豐之渙，本卦為豐（䷶），之卦為渙（䷺）。

可見占到豐卦，變卦的可能性很多，果真是變化莫測。

七種變卦

- 沒有出現變爻，得到一個相對單純的本卦。
- 出現一個變爻，就可能產生六種不同的變卦。
- 出現兩個變爻，可能產生十五種不同的變卦。
- 出現三個變爻，可能產生二十種變卦。
- 出現四個變爻，可能產生十一種變卦。
- 出現五個變爻，可能產生四種變卦。
- 出現六個變爻，就是六爻齊變，就成為錯卦。

每一卦都可能產生很多種變卦

（九為陽極，變成陰八。六為陰極，變為陽七）

二、只有本卦依卦辭斷吉凶

倘若占到的豐卦（䷶），由７８７７８８也就是折折單單折單所構成，雖然爻的註記為初九、六二、九三、九四、六五、上六，有九和六的數字，然而這裡的九和六，不過是少陽和少陰，並不代表老陽和老陰，只有靜爻，而沒有動爻，所以只有本卦，並沒有之卦或變卦。

為什麼九六變而七八不變呢？這是因為在一、二、三、四、五這五個生數當中，一、三、五為單（奇）數，加起來為九，表示九是生數中所有陽數的集合，因而稱為老陽，由於陽極成陰，所以變成少陰。二、四為雙（偶）數，合起來為六，表示六是生數中所有陰數的集合，稱為老陰，可以變成少陽。七是兩個二和一個三所合成，八為兩個三和一個二所合成，都是陽中有陰、陰中有陽，尚未成極而不生變化。卦中的爻，但稱九六而不稱七八，象徵都有變化的可能，並不是固定不變。這是占卦時必須重視的關鍵，務必特別加以注意。

既然只有本卦，我們就可以依據豐卦（䷶）卦辭：「豐，亨，王假(ㄍㄜˊ)之，勿憂，宜日中。」配合實際狀況來進行解卦。我們的文字，往往一字多義，彈性頗大，而彖(ㄊㄨㄢˋ)辭便是幫助我們深一層瞭解卦辭的。我們從豐卦彖(ㄊㄨㄢˋ)辭：「豐，大也。明以動，故豐。王假(ㄍㄜˊ)之，尚大也。勿憂，宜日中，宜照天下也。日中則昃(ㄗㄜˋ)，月盈則食，天地盈虛，與時消息，而況於人乎？況於鬼神乎？」配合問占者的問題，衡情論理。掌握豐卦的特性：守中才能保持盛大的局勢，運用理智來指導感情，透過聰明才智來指引行動，除了不盲目之外，還要有高度自覺。

只有本卦並沒有變卦

↓

表示事態的發展比較單純

↓

可以依據卦辭來占斷

↓

卦辭不明時象ㄊㄨㄢˋ辭會更清楚

↓

凡事皆有正反兩種可能

↓

最好兼顧並重以求合理

↓

儘量提供正面積極的參考方案

↓

讓問占者自行抉擇

三．一或二爻變依本卦為主

占到豐卦（䷶），在六爻之中，若有一爻為九或六，就可能變成小過（䷽）、大壯（䷡）、震（䷲）、明夷（䷣）、革（䷰）或者離卦（䷝）。此時要以本卦，也就是豐卦的變爻來斷卦。譬如豐之大壯，我們把豐卦六二爻辭：「豐其蔀（ㄅㄨˋ），日中見斗，往得疑疾，有孚發若，吉。」和所占問的事宜仔細比對，要旨在於倘若暗中進行，很可能有疑生弊，若能誠信對待，那就可得順利。同時，將占卦所得的數７６７７８８加總起來，其和為四十三。我們用天地之數五十五做基準，減去這次占卦數字的總和四十三，餘數為十二。然後由豐卦初九向上計數：初九為一、六二為二、九三為三、九四為四、六五為五、上六為六。上六重複一次，再向下計數：上六為七、六五為八、九四為九、九三為十、六二為十一、初九為十二。找出這一次占卦的主變爻，即為初九。如果變爻也剛好是初九，那就表示變得十分有力，很難再加以改變。現在主變爻為初九，而變爻則是六二，表示變動的力道並不太大，只要用心加以變易，相對也就比較容易。

占到豐卦，其中有兩爻為九或六，可能產生十五種變卦。我們同樣將豐卦這兩個變爻的爻辭，特別拿出來和占問的事項做比對，看看有什麼必須特別謹慎小心的地方？再以天地之數五十五做為基準，減去占到豐卦時所出現的數的總和，找出主變爻，研判變動的力道如何？倘若在兩個變爻之中，有一個和主變爻相同，這一爻辭就更加重要。如果都不是，那就看哪一爻和主變爻的關係較為密切，來做出推斷。

一爻變

- 初爻變：豐之小過　主變爻為六五　（55－47＝8）
- 二爻變：豐之大壯　主變爻為初九　（55－43＝12）
- 三爻變：豐之震　　主變爻為六五　（55－47＝8）
- 四爻變：豐之明夷　主變爻為六五　（55－47＝8）
- 五爻變：豐之革　　主變爻為六二　（55－44＝11）
- 上爻變：豐之離　　主變爻為初九　（55－43＝12）

二爻變 — 有十五種可能出現的變卦，解卦時都以本卦的變爻為主。

有兩個變爻時，通常以在上的那一爻為主。

但是兩變爻之中，有一個剛好是主變爻，就以這一爻為主。

倘若互相矛盾時，則回歸本卦的彖（ㄊㄨㄢˋ）辭。

四．三爻變依兩卦的彖（ㄊㄨㄢˋ）辭斷

占到豐卦（䷶），六爻之中有三爻為九或六，就可能有二十種變卦。由於變爻的數目，佔全卦的一半，表示本卦和之卦的份量相去不遠，可以看出互相拉扯的關係，而且旗鼓相當，簡直不分主從。於是，我們要把本卦和之卦的彖（ㄊㄨㄢˋ）辭，都拿出來比對。譬如豐之乾，豐是盛大興隆，好比日正當中，光明普照。倘若能夠居安思危，自能無憂。如果驕傲自大，就像太陽西斜，終將導致蔽害、消亡的惡果。現在三陰爻也就是六二、六五、上六齊變，化成乾卦（䷀）。乾是通變的創造力，以元亨利貞的循環往復來提醒大家，務必要貞下起元，才能生生不息。我們用天地之數五十五，減去豐之乾的７６７７６６數字總和三十九，餘數為十六，可知主變爻在九四。豐卦九四原本既非正，又不居中，然而凡事若能配合得宜，仍然可以轉凶為吉。乾卦九四，告訴我們上下無常、進退無恆，凡事最好能夠及時做出合理調整，才能无咎。豐之乾互變，表示處於豐盛的時候，若能記取天道循環，盈滿之後必然虧缺的道理，秉持自強不息的精神，應該可以維持日正當中的情勢，保持活躍發展而不致有誤。

倘若占到豐之大過，初九、六二、六五三爻變，８６７７６９的總和為十二，主變爻在初九，那就是不平均的現象，將要導致禍患。豐卦初九變爻為初六，即為小過卦（䷽），警示我們身處豐盛，不能急於求發展，以免受害。倘若過剛、過急、過甚，必然招致凶禍，除非是「不成功便成仁」的大事，否則最好不要求快，靜待良機方為上策。

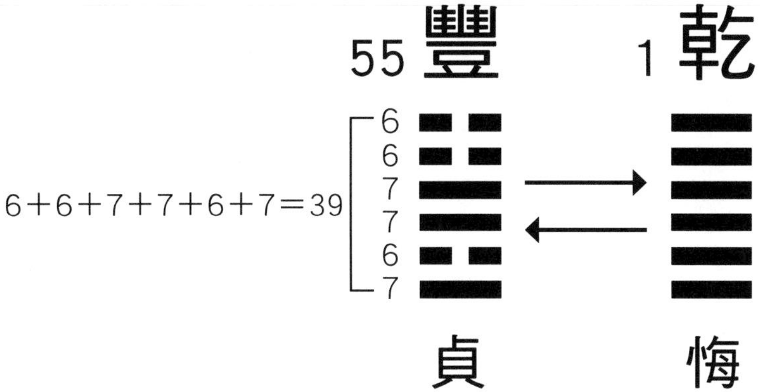

貞為本卦，悔指變卦。
兩卦勢均力敵，
互相拉扯。
主變爻為九四，非變爻。
依兩卦的彖辭斷吉凶。

天地之數	55	先由下向上	1－初九	7－上六	13－初九
占卦得數	－39		2－六二	8－六五	14－六二
	16	再由上而下	3－九三	9－九四	15－九三
			4－九四	10－九三	16－九四
		又由下向上	5－六五	11－六二	
			6－上六	12－初九	

五、四或五爻變以變卦為主

占到豐卦（䷶），若六爻之中有四爻變，則以變卦的兩個不變爻來占斷。六爻之中有五爻變，則依變卦的那一個不變爻來占斷。譬如占到豐之益（䷩），也就是豐卦的九三、九四、六五與上六，分別變爻為六三、六四、九五與上九，因而變成益卦。這時候我們便要把占斷的重心，放在益卦的初九和六二，把這兩個不變爻的爻辭拿出來，先看初九：「利用為大作，元吉，无咎。」表示賢人獲得上位的相助，可以大有作為，放手去做，並沒有差錯。再看六二：「或益之，十朋之龜弗克違，永貞吉，王用享于帝，吉。」表示能得到首長的支援，獲益良多，只要永久忠誠，必然吉祥。合起來解讀，便是獲得上級的支持，自上向下推行，最為有利。

若是占到豐之中孚（䷼），也就是除了初九不變，其餘六二、九三、九四、六五、上六，五爻齊變，成為九二、六三、六四、九五與上九，成為中孚卦，這時候我們便要依據那個不變的初九爻來占斷。由於五爻齊變，顯然重點已經由豐卦轉移到中孚卦，所以我們所要看的，是中孚卦初九爻辭：「虞吉，有它不燕。」表示做事經過深思熟慮，才能安定，如果意志沒有改變，貫徹始終即能獲得吉祥。

當然，不論四或五爻變，還是可以用天地之數五十五，減去占卜所得六爻數字的總和，找出主變爻。倘若不變爻和主變爻相同，便是影響的力道較強，比較不容易加以改變。如果不相同，問占者的意志，是可以改變占斷結果的。易卦的占斷，也是變動的，並非固定如此。

四爻變：以變卦的不變爻為主。

五爻變：以變卦的不變爻為主。

解卦時，最好先把本卦和變卦的體象卦彖ㄊㄨㄢˋ辭簡介一番。

藉占卦明易理，才是占卜最重要的功能所在。

一、二爻變，以本卦為主。

三爻變，以本卦及變卦互通。

四、五爻變，以變卦為主。

六爻齊變，依變卦彖ㄊㄨㄢˋ辭斷吉凶。

六。六爻齊變依變卦彖(ㄊㄨㄢˋ)辭斷

六爻齊變，表示之卦（變卦）和本卦互錯，有如乾坤那樣，瞬間發生突變。占到豐卦（䷶）時，若是呈現９６９９６６，那就是六爻齊變，成為相錯的渙卦（䷺）。這時候依變卦的彖(ㄊㄨㄢˋ)辭為主，那就是：「渙，亨，剛來而不窮，柔得位乎外而上同。王假(ㄍㄜˊ)有廟，王乃在中也。利涉大川，乘木有功也。」渙卦的主旨，在說明事物的發展過程聚散無常，最好順其自然，當聚便聚，當散即散。但是也不能完全聽任自然，所以要求散而不亂，聚而有序。渙散而不紊亂，才能亨通。其必要條件，則為「剛來而不窮，柔得位乎外而上同」；有宗廟可以祭祀，使百姓知所歸心，不致流離失所而茫然不知所措；還要能夠同心協力，涉越險阻。之後我們在解析渙卦時，會有更加詳細的說明，大家可以翻閱參考。

每一個卦，都只有一個錯卦。所以六爻齊變，只有一種。由於占卦時出現九、六的機率，遠小於七、八，所以六爻齊變的機率並不大。這也正好反應出實際的情況：漸變的，要比突變的機率大得多。我們實在沒有必要過分強調「求新求變」，反而應該「持經達變」，以免流於亂變。

如果真的占到乾之坤，可以透過用九和用六來占斷。乾之坤的機率，比坤之乾小一些。似乎女變男，要比男變女更不容易。但無論如何，占卦只能當做參考，不能取代人的自主性。何況每一個人解卦時，都難免有一些主觀，甚至於和當時的情緒有關，想來這些都是緣分，隨時隨地，影響著解卦的準確性，最好能夠慎重面對。

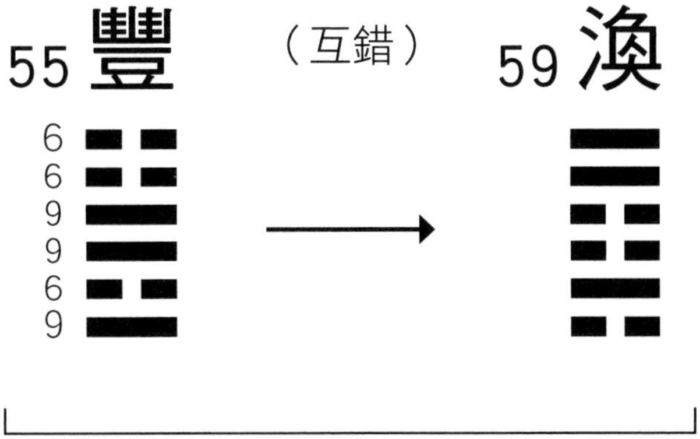

六爻齊變，為豐之渙。

兩卦互為錯卦，完全相反。

這時以渙卦彖辭為主。

55－45＝10

主變爻為渙卦六三。

我們的建議

1 人的擔當，表現在當為即為，不當為則不為，也就是有所為有所不為。當與不當，便是現代所說的應該與不應該。應該做的，即使再困難、凶險，也應該盡力而為。所以占卜結果只能參考，不能成為做或不做的準則。

2 《易經》告訴我們：未來是會變化的。所以我們的預測，不過只是大致如此，尚有調整的餘地。因此在解卦時，務必避免鐵口直斷，以免違背「不可為典要，唯變所適」的基本原則。

3 占到本卦，就算沒有變卦，在本卦之中有六爻，在卦的吉凶之外還有爻辭的變化，卦中還有互卦，也可以逐一拿來做為參考。因為後果必須由問占者承擔，而非解卦者，所以最好能與問占者互相交流，多瞭解對方的實際狀況。

4 占到豐之旅時，以天地之數五十五，減去占卦所得九八七七八六的總和四十五，餘數為十，正好是不變的九三爻，只要不輕舉妄動，應該无咎。再看初九變爻，有小過之象。上六爻變，為重離之象。合起來看，盲目而動，就難以守中，必須特別警惕，小心防患。

5 守中並非易事，不明而動或動而不明，都難以守中。倘若守不住，可能就要離家出走，飽受旅居在外的辛苦。其實，旅者也有旅之道，若能仔細研究、玩味，將有助於自我調整。

6 占卦的功能，在於我們既然無法改變外在的環境，不如掉轉方向，調整自己的心態。這種「心易」（用心改變）的效果，最好是由自己體會，更能收「點滴在心頭」的效果。

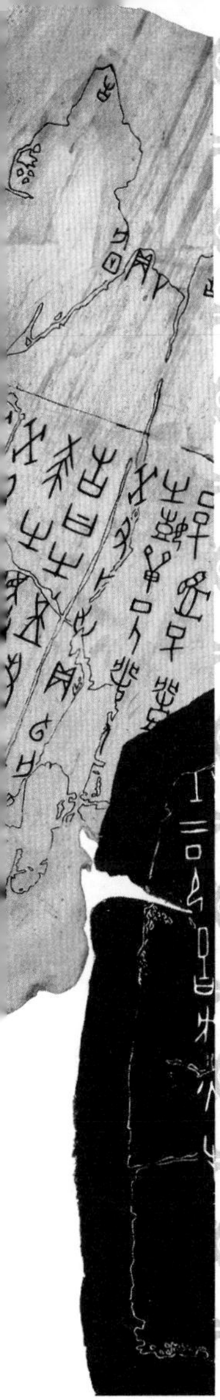

《第六章》

解卦時
應注意哪些事？

人的尊嚴，主要表現在自主性，
解卦者不能喧賓奪主，代為做出決定。

何況人人都必須自作自受，
一切後果，當然必須由問占者自行擔負。

《易經》的主旨，是凡事都有其條件，
而且在可能範圍內，可以做出一些變易。

鐵口直斷，並不是代人解卦時所當為，
我們只能提供參考方案，供問占者自行抉擇。

尊重問占者的感受，還要代為保守祕密，
不能向外公開，更不應該加油添醋加以渲染。

問占者聽懂多少，要做出什麼樣的決定，
那是一種因緣，用不著解卦者過分操心。

一、務請尊重問占者的感受

請人代為占卦的人，即為問占者，通常有三種不同心態：一是誠心誠意，對占卦者（即解卦人）具有信心，也對易卦有一些瞭解；二為誠心誠意，對占卦者有信心，對易卦卻不甚明瞭；三是純粹好奇，想試試看自己能不能接受？我們學習《易經》，首要之務在於先改變自己的心態，以正面態度看人，而非負面。所以，我們只列舉出三種正向的心態，至於某些負面的，我們並不加以列舉，因為人人自作自受，我們又何必以小人之心度君子之腹，徒然增加自己的困擾呢？我們建議占卦者只問自己要不要占？倘若要占，就不要懷疑問占者的動機，以免影響自己的情緒，如此一來反而不好。問占者的這三種心態，對占卦者而言並沒有什麼不同，只有在解卦的時候要稍加測試。譬如占到渙（䷺）之節（䷻）時，不妨在解卦之前，先問問：「占到這個卦，有什麼感覺？」看看問占者的反應，以便瞭解對方的情況。有時問占者很快就會把自己的實際狀況，和本卦（渙）或之卦（節）連結起來，對解卦者提供很多有利的資訊。占卦者實在沒有必要為了表示自己高人一等，便提出很多不必要的分析，甚至故意說一些相反的話。解卦時最好明白：我們是為了問占者而解卦，並不是為了賣弄或炫耀自己對易卦的功力，甚至於還有其他的目的。除非問占者主動提出詢問，解卦者最好給予比較中性的解說，用來引發問占者的第六感，這才是占卦最重要的功能，因為只有問占者對他自己的事態最為關心，也最為瞭解，而最後的結果，也要由他自己概括承擔。

不論問占者心態如何？

↓

占卦者都應該虔誠，可以占也可以不占，但是不能不誠。

↓

占到一卦，如有變卦，要一併畫好。

↓

先詢問問占者有什麼感覺？

↓

就可能的發展，向問占者說明。

↓

趁機解說易理，供問占者參考。

↓

問占者提問，再加以引伸。

↓

視問占者反應，適可而止。

二、與問占者共同沙盤推演

《易經》的卦爻辭是用中文書寫，但由於中文經常一字多義，加上字句的運用具有很大的彈性，同樣一句話，往往可以有好幾種不同的解釋，因此見仁見智，是正常的現象。然而，也正由於《易經》具有這樣的特性，所以適用的範圍非常廣泛，簡直無所不包，同時也增加了解卦的困難度，似乎怎麼說都對，都具有相當的道理。實際上，易卦不過是提供一個龐大的操練場，大到各路人馬，甚至於天兵天將，都能夠在這裡大展身手，彼此較量。同樣一個卦，對於不同的人，具有不一樣的啟發作用，這就是引發第六感的功能。譬如旅卦（䷷），有人認為旅居在外，寄人籬下，實在很辛苦。也有人認為難得有機會到山上露營，享受平日所沒有的樂趣，因而心生愉悅歡喜，難道這樣的解釋不可以嗎？現代有人以旅行為樂，看到「旅之時義大矣哉」，自然會產生很多想法，並不是解卦的人所能夠完全體會的。既然是操練場，就要有攻有守，才能互動。問占者可以提問，解卦者也可以反問，這是理所當然的事情。旅卦安排在豐卦後面，一方面告訴我們：豐盛的狀態一旦保不住，很可能就要流亡海外，備極艱辛。一方面也提供訊息，告訴我們豐盛時出外旅遊，要捨得花錢，學習一些好事物，買一些好東西。因為旅是豐的循環，豐極而旅，也可以旅極而豐。很多跑單幫起家的人，看到旅卦，必然會有不一樣的感受。問占者與解卦者透過互相問答，共同尋找出問占者所需要的參考答案，應該是一種良好、方便而有效的方式。現代的心理諮詢，便是採用這樣的過程，目的在於「自救」，而不是「向人求救」。

《易經》提供一個大沙盤

↓

解卦者與問占者共同進行沙盤推演

↓

問占者參與度愈高就愈逼真

↓

藉由問答，共同尋求可能的發展途徑

↓

一陰一陽，兼顧正反兩種方向

↓

促成問占者自救，而非向解卦者求救

三、把實際的時程配合起來

占到任何一卦，都應該配合「時」來決斷。沒有變卦時，通常比較單純，若不是指現在，便是預告未來可能的演變。譬如占到旅卦（䷷），可以詢問：「不住在本地？或有出外旅行的打算？」看看問占者有什麼反應，以便把實際的時，和占得的卦配合起來。居住在本地，暫時並沒有出外的計畫，那就要提高警覺，有沒有哪些因素，逼得他非外出不可？事實上，包括外出旅遊、參與會議、進行談判，或者出外避難、流亡海外，哪一樣不是和「旅」有關呢？學生到山上露營，何嘗不是「山上有火」的活動？「旅之時義大矣哉」，果真是如此。若是問占者表示自己完全沒有「旅」的跡象，此時也不必著急，姑且等待數日，說不定就會有新的變數，使得他非旅不可。倘若如此，占卦豈不是更神！

如果有本卦也有變卦，這時候本卦的現象，指的是過去、現在或未來，就需要當事人配合，更能接近實際情況。就以豐之旅來說，過去是豐，現在是旅；現在是豐，未來即將進入旅；或者未來可能豐，終將成為旅，上述情況應該都有可能。何不諮詢一下問占者，看看他的感覺，是不是能更貼近實際情況呢？《易經》各卦，對各爻的吉凶論斷，是以卦的時義為背景，其決定力量比位還要大。有時雖不當位，也能得時而吉；有時當位，也可能失時而凶。當然，還有安於時變，就算失時也能安然處之，反而吉祥。實際的時位，當事人應該最為清楚。倘若說出來未盡合理，我們以旁觀者清的立場，提出若干問題，協助其釐清事實，調整自己的思路，將能對問占者發揮良好助益。

配合實際時程解卦

只有本卦

先把卦象做簡明介紹。

諮詢問占者：有沒有這些情況？

何時發生？
- 過去－已成過去。
- 現在－正在進行。
- 未來－尚未出現。

共同尋找出可能的變化。

另有變卦

先把本卦做簡明介紹。

諮詢問占者：有沒有這些情況？

何時發生？
- 過去－已成過去。
- 現在－正在進行。
- 未來－尚未出現。

接著把之卦做簡明介紹。

在時程上和本卦有什麼關聯？

共同研判將來可能產生的變化。

四、有疑惑時可以接著占問

蒙卦（䷃）卦辭所說：「初筮告，再三瀆，瀆則不告。」指的是同樣一件事，占得一卦，卻不相信，還繼續進行二占、三占，那就是「再筮」，表示心不誠，所以不必再占。但是一件事情，若是占卦之後產生很大疑惑，譬如占到訟卦（䷅），問占者想了半天，仍想不出訟的理由，我們旁觀者清，總不能告訴他：「相信占卦，不久後就知道了！」這種話來影響他的心情，如此一來，有時反而做出錯誤的暗示，等於是幫了倒忙。不如在解卦時，協助問占者自行改變心態、調整步伐，做出合理的因應。所以有疑惑時，可以就所疑惑的地方，接著提出延伸性的後續問題，再來占卦。藉由卦爻來解惑，對問占者來說，應該更具有公信力。解卦者可以表明並非自己高人一等，對易理有澈底的瞭解，而是由於問占者的福氣，才終於找到了可以接受的因應對策。在品德修養方面，做出以身作則的典範，應該算是占卦的良好副產品，使大家都能從中得益。

我們詢問某一事項，通常也是一個問題緊接著另一個問題，稱為「打破砂鍋問到底」。占卦時，當然也可以一個接著一個，構成包圍式的連環占卦。只要不重複占問同一個問題，就不是「再三瀆」，可以放心進行，使問題愈來愈明朗。

占卦的主要功能，不在於提供我們一個斬釘截鐵的答案，反而是幫助我們整理自己的思路，給自己一個深入研判的機會。「神通」和「推理」的不同，即在於「神通」是只把結果說出來，有時卻隱蔽了推理的過程，令人覺得神奇，有意想不到的驚奇感。倘若毫無隱瞞地把過程公開，這就是「推理」而非「神通」了，不是嗎？

對事態的發展尚有疑惑

↓

可以就此事提出延伸性的問題，繼續占卦

↓

若是還有疑惑，仍然可以接著再占

↓

構成包圍式的連環占問

↓

把占到的各卦合起來看

↓

共同研判可能的發展

↓

但最終仍要由問占者自行抉擇

五．解卦時加強易理的溝通

《易經》是講道理的，但是我們既愛面子，又相當固執，一旦講起道理來，雙方都很緊張，很不容易持平地溝通，因此透過占卦來說明易理，就成為大家常用的溝通方式。因為這是卦爻辭說的，不是我說的。我們都是觀察者和聆聽者，並沒有誰比誰高明的問題，用不著覺得沒面子。而且，也不存在著誰說服誰，什麼人做主的爭議。反正說的是卦爻，聽的也是卦爻，比較容易心平氣和地找到問占者可以接受的參考方案。尤其是下對上、晚生對前輩，更不能擺明地要講道理，否則一旦被認為犯上，罪過很大，誰都救不了。古代宰相在提出重大意見時，大多會用「夜觀天象，占得一卦」來做為開頭，以免引起皇帝的不悅。但是說到正題時，就要趁機闡明易理，使皇帝愈來愈明白《易經》的道理，日後溝通起來，便能更加安全而有效。直到現在，我們都還沿用這樣的作法，透過解卦，把卦爻辭解說清楚，對問占者和解卦者而言都十分有利。因為卦無好壞，都是有條件的，而且都有撥亂反正、趨吉避凶的方法。解卦時只要保持合理的態度、公正的立場，以及和藹的口氣，由於正反兩面都說得通，很容易引發問占者的反省和思慮。我們可以從問占者的反應當中，更加接近、明瞭其實際情況，然後再因人、因事、因時、因地，做出合理的判斷。最後，還是要尊重當事人的決定，因為不論如何，我們都已經善盡解卦者的責任了。若是鐵口直斷，便是不尊重問占者的表現。我們或許對易卦熟悉一些，對易卦的解說深入一些，但是，問占者的福氣，才是影響未來變化的重要關鍵，此一因素，解卦時當然不能忽視。

《易經》最重要的是易理

↓

一切遵循易理而行最為妥當

↓

占卦的目的，在尋求可行的易理

↓

解卦時以易理為仲介

↓

可以減輕問占者的緊張情緒

↓

也能夠降低因為面子問題所衍生的壓力

↓

相當於彼此研討易理的可行性

↓

這樣的解卦過程就等於是推理

六。最好是自己占卦自己解

現代人與大自然愈來愈疏遠，天人合一的感應，也隨之愈來愈遲鈍。由於科技發展，人口增加，並且集中於大都市，使得愈來愈多的人，生活在人造的環境裡，喪失了與大自然接觸的機會。而對於易卦的卦象，也由於缺乏想像力，難以有所體會。於是乎，現代人愈來愈相信五官的感覺，認為眼見為真、耳聞為實，殊不知我們的五種感官，都具有很大的侷限性，所見的範圍十分有限，能聽見的訊息也不多。視聽尚且如此，嗅覺、觸覺和味覺，更是非常不可靠。現代人寧願相信不甚正確的五官感覺，對於真實無比的第六感，反而因為認識不多，科學仍未確切瞭解而棄之不顧，實在是一件非常不幸的事。第六感不會騙人，卻由於隱而不現、現而不明，令人捉摸不定而不敢相信。古聖先賢，透過占卦來引發我們的第六感，迄今仍是一條可行的途徑，而自己占卦自己解，正好可以達成這樣的功能。剛開始時，卦是卦，自己的第六感仍然隱而不現，這時候可經由占卦而知卦，每占一卦，便把這一卦的卦爻辭做出一番瞭解，把前兩卦的因果關係，也加以研判，為什麼旅卦之前是豐卦？旅卦之後則是巽卦？為什麼渙卦緊接在兌卦之後？而渙卦的後面就是節卦？熟悉這些基本易理之後，第六感和卦之間，就會逐漸有所連繫，也就是能夠藉由卦象，直接把自己的第六感引發出來。占卦之後，心中有數，立即知道自己應該怎樣走，這樣的占卜才是合理。一方面既能保有隱私，又能配合現況，審思應該如何妥當表達，既能有利於事態的發展，卻又不致影響他人的心情。而長遠的好處，當然是對易理有愈來愈透澈的瞭解。

自己的責任必須由自己承擔

↓

自己的處境自己才最明瞭

↓

自己的意向也騙不了自己

↓

自己對自己盤問最為有效

↓

天助自助者是不變的原則

↓

自己的祕密，由自己解密最安全

↓

自己占卦自己解卦，實為上策

我們的建議

1 凡事除了「當為」與「不當為」之外，我們還需要衡量自己的實力。「盡力」的意思，其實就是「量力而為，適可而止」。因為每一個人，都有不同的身分地位，「不在其位，不謀其政」，便是人人應該守分，把自己分內的工作做好，然後才去談其他的事。

2 應該做而有實力做的，當然要放手去做；應該做卻實力不足，還可以尋找有力的靠山。有了上級的提攜和支持，就可以邊做邊學，也就是從做中學，照樣可以把事情做得很好。

3 《易經》乾卦，揭示君子「自強不息」的要旨，可見《易經》的主旨，在於激勵大家多說正面的話，多提出積極的意見。至於聽者的感覺如何？聽不聽得入耳？那是聽者的福分，我們用不著太在意。我們重視聽者的感受，卻不左右其抉擇。

4 解卦時不妨先提示正面積極的觀點，待其產生良好反應之後，才告訴他還有一些必須重視的關鍵。以「進者退之，退者進之」的方式，促其走上正道。

5 以上這些做法，都必須以「適可而止」為基準，採取共商對策的心態，彼此好商量。但是主伴的立場仍應堅守，最後如何決定，必須尊重當事人。至於會不會有所改變？則是他自己的事，我們不必插手。

6 接下來，我們將再以占到「渙之節」為例，說明解卦的大要。因此，在下兩章的內容當中，我們將分別針對渙卦（䷺）和節卦（䷻）的卦爻辭做出說明，然後才進行解卦，以期將來讀者在自占自解時，能夠更有把握。

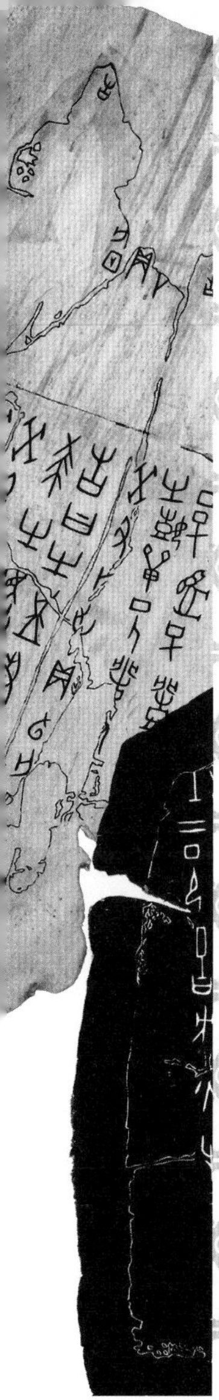

《第七章》

渙卦六爻
有哪些啟示？

渙卦是豐卦的錯卦，六爻都相反，
豐盛時眾望所歸，渙散時則需要同舟共濟。

風水渙，渙卦由下坎上巽(ㄒㄩㄣˋ)組成，
風會流動，水能分散，渙即流動分散。

離散之初，便應該趕快設法挽救，
倘能遠離避難，就能夠免於禍害。

順勢而為，還需要把握機運，
聚散無常，散而後可以復聚。

帝王興建宗廟，象徵祖先神靈，
藉以結合渙散人民，利於承先啟後。

具有號召力的偉大領袖，配合嚴密組織，
透過忠貞的幹部，掃除障礙得以順利成功。

一、初六順勢而為可挽渙散

渙卦（䷺）是《易經》的第五十九卦，前面是兌卦（䷹），後面為節卦（䷻）。渙卦卦辭說：「渙，亨，王假有廟，利涉大川，利貞。」「渙」是卦名，意思是流散、化解。流散的功能，在使原本不流動的變成流動；化解的作用，則在於散而不斷。凡事當散即散，應聚便聚，在聚散的變化中，「渙」的道理值得我們深思。由不通而致通，所以亨，表示通暢。「王」指君王，「假」為至。君子看到民心渙散，便親自到宗廟祈求神靈的保祐。「大川」即險難，「利涉大川」便是以至誠的心感動百姓，使大家安渡渙散所帶來的險難。當處於渙散的時期，最好的辦法就是保持合理的情操，使民心逐漸聚合起來，所以說「利貞」，並不是輕易所能夠感召、化解的。

初六爻辭：「用拯馬壯，吉。」小象說：「初六之吉，順也。」初六以陰居陽位，象徵險難初期，初六力弱，不足以承擔拯救渙散的重責大任。何況初六與六四不相應，六四為上巽的始位，巽為木，涉川需要木舟，初六缺乏木舟的應援，轉而向九二求救。九二陽剛守中，有如壯馬，可以協助初六。但是九二本身與九五也不相應，好在六四能就近與九五相聯，使得九二能夠專心協助初六，獲得吉祥。渙卦彖辭所說：「柔得位乎外而上同」，便是六四上順九五，使九二不受牽制，促成初六在渙的初期就能治渙有功。但這並不完全是初六和九二的功勞，必須歸功於六四的上順九五，所以說：「初六之吉，順也。」六四和九五同心協力，風力夠強大，足以收拾離散的局面。而九二有如壯馬，能夠全力資助初六，所以吉祥。

渙 ䷺
59

初六，用拯馬壯，吉。

初六陰居陽位，顯得軟弱無力，好在上有壯盛的九二，可以獲得支援。初六變爻，即成中孚卦，象徵初六雖然力弱，不足以承擔拯救渙散的重責大任，但只要維持誠信，便能得到九二的協助。由於九二與九五並不相應，而六四就近以陰承陽，也可以與九五相聯，使得九二陽剛守中，有如壯馬般，可以就近協助初六，所以吉祥。渙卦下坎，依〈說卦傳〉所言：「坎，其於馬也，為美脊ㄐㄧˇ，為亟ㄐㄧˊ心」，因此以壯健的「馬」取象。

必須順勢而為，才能夠挽救渙散的局面。

二。九二能把握機運很安閒

渙卦（䷺）彖辭說：「渙，亨，剛來而不窮，柔得位乎外而上同。王假有廟，王乃在中也；利涉大川，乘木有功也。」渙散怎麼可能亨通呢？這裡提供了三個訊息：第一是「剛來而不窮」，「剛」指九二，以陽剛居下坎中位，與初六、六三兩陰爻互動，使水得以流動而不窮困；「柔得位乎外而上同」，「柔」即六四，以柔居陰位，居於外卦，並且上承九五與之同心。其次，「王假有廟，王乃在中也」，「王」指九五，以剛明居中履正，透過誠敬的廟祭來感召渙散的民心。「在中」的意思，是九五居上巽中位，用正道來聚合民眾。第三是「利涉大川，乘木有功也」，下坎為水，上巽為木，好比木船行於水上，當然有利於渡過險難。三者俱備，渙散自然得以亨通。

九二爻辭：「渙奔其機，悔亡。」小象說：「渙奔其機，得願也。」九二不當位，象徵離散奔逃，所以「渙奔」。九二與九五並不相應，因此奔逃時，不向上而向下。「機」指几案，古人席地而坐，以几案作為倚憑，顯得很安閒，不當位又不相應的悔恨，全部因而消亡。為什麼渙散之時，還能這樣呢？因為「渙奔」的時候，目的在求安全。什麼地方安全，就成為大家「渙奔」的目的地。正好初六柔弱，又向九二求救；而九二既然以初六為憑倚，安全的願望達成了，當然能夠定下心來，全力協助初六治渙。初六與九二相比，一陰一陽，同難相濟，而又同心協力。倘若高層人士，以六四與九五為例，也能夠如此，則渙散可以復聚，九二自然「悔亡」，而初六也獲得吉祥了。

渙 59 ䷺

九二，渙奔其機，悔亡。

九二不當位，與九五也不相應，象徵離散奔逃，所以說「渙奔」。九二不向上而向下，正好初六柔弱，與六四也不相應，因此可以放心地向九二求救。而九二以陽乘陰，樂得把初六當做几案，作為席地而坐時的倚憑，顯得十分安閒，於是不當位與不相應的悔恨，全都因此而消亡。九二變爻，即成為觀卦，象徵心中自有定見，能迅速把握機運，得以挽救渙散而消亡悔恨。

能把握機運迅速行動，反而顯得安閒自適。

三、六三忘我濟渙所以无悔

渙卦（䷺）大象說：「風行水上，渙；先王以享于帝立廟。」渙卦下坎上巽，坎為水，巽為風，有「風行水上」的象。水被風吹，勢必流動四散，所以稱為「渙」。坎代表冬季水結成冰，巽象徵春天到來，和風吹開了凍結的水面。冰雪化解，水恢復流動。風行水上，有化聚為散的作用，表示當散即散，只要聚散得合理，都不是壞事。風吹水散，主要用意在於散才能復聚，所以亨通。先王體會出這種自然景象所蘊含的道理，當民心渙散之際，便透過祭享天帝、建立宗廟，來表示自己化解險難的誠意，以期能夠聚合民心。

六三爻辭：「渙其躬，无悔。」小象說：「渙其躬，志在外也。」「躬」就是身，在這裡指六三。渙卦來到第三爻，人心渙散的情況勢必更為嚴重。六三以柔居陽位，本不當位，又是下坎的極位，險象環生。在這種情境下，六三要拯救自己的渙散，自然是十分困難。幸好六三與上九相應，而且又是全卦中唯一相應的爻位，因此可以无悔，使六三以忘我的精神，向外去濟渙。下坎三爻，初六與九二都不當位，也不與上九相應。六三雖然也不當位，卻與上九相應，顯示「渙其躬」必須要有堅強的意志，所以「志在外也」。初六上承九二陽剛，得以積極行動。九二下比初六，有機會「渙奔」。六三由內及外，自身可以脫離坎險而就順風。雖然不能濟天下的渙散，至少可以先拯救自己的險難。《易經》中六三應上九很少會有好結果，但渙卦是例外，因為忘我的精神值得給予鼓勵。

渙 59 ䷺

六三，渙其躬，无悔。

六三與上九陰陽相應，促使六三雖不當位，卻能夠忘我地向外去濟渙。六三變爻，即成重巽(ㄒㄩㄣˋ)卦，象徵六三居於下坎的極位，原本險象環生，卻由於能夠奮勇忘我，成為全卦中唯一與上有應的爻位，所以无悔。《易經》通例，六三應上九很少會有好結果，但渙卦六三卻是例外，因為忘我的精神十分值得鼓勵。

忘我的奮勇精神，至少可以拯救自己的險難。

四、六四聚合群眾匪夷所思

〈序卦傳〉說：「兌者，說也；說而後散之，故受之以渙。渙者，離也。物不可以終離，故受之以節。」渙卦（䷺）的前一卦為兌卦（䷹），意思是喜悅。人心喜悅，經過一段時間後就會渙散，所以接下來出現渙卦。渙即離散，事物不可能長久離散，因此緊接著便是節卦（䷻）。我們常說「生於憂患而死於安樂」，社會上一片喜樂，精神就會渙散，這時候最要緊的便是加強溝通，喚醒大眾同舟共濟的精神，以期能夠安渡危難。所以渙道的要旨，在於挽救敗壞的社會風氣。

渙卦（䷺）下坎上巽，象徵六三與上九有志一同，下坎脫離險境之後，即可進入上巽順境。形勢好轉，人心由渙散轉向聚合。此時九五登高一呼，應該就可以「濟渙」了。六四爻辭：「渙其群，元吉。渙有丘，匪夷所思。」小象說：「渙其群，元吉，光大也。」「匪夷所思」，便是出乎常人的思慮之外。「匪」即非，而「夷」為常。「渙有丘」，使渙散聚合得有如山丘那樣，能夠如此，當然是出乎常人的思慮之外。六四不與初六相應，象徵公而忘私，為了效忠陽剛得中的九五，肩負起「濟渙」的重責大任，主動為九五分憂分勞，以正道聚合離散的群眾，所以說「渙其群」，促成群眾大團結，聚合得有如山丘一樣堅牢，這是平常人難以想像的效果，當然大吉大利。六四當位，是上巽的始爻，象徵「濟渙」已經脫離險境，開始順利了。不與初六相應，表示無私心，不搞派系關係。上承九五，則是主動順應領導者。這些情況，都證明六四光明正大，所以說：「元吉，光大也。」

渙 59 ䷺

六四，渙其群，元吉。渙有丘，匪夷所思。

六四不與初六相應，象徵公而忘私。為了效忠陽剛得中的九五，發揮以陰承陽的美德，負起「濟渙」的重責大任，於是主動為九五分憂分勞，以正道聚合離散的群眾，當然大為吉祥。六四以柔居陰位，透過柔性攻勢，促成群眾大團結，聚合得有如山丘一般堅牢，這是平常人所難以想像的效果。六四變爻，即為訟卦，象徵六四不與同類的初六相應，使九五與九二得以順利完成工作，才能夠避免爭訟。

聚合群眾，必須公而忘私，才能避免爭訟。

五．九五登高一呼轉危為安

在渙的時代，人心渙散是社會不安的重大原因。此時最需要的，便是出現一位抱有濟世胸懷，擁有散而復聚能力，得以化解風險，拯救人們於苦難之中，使渙散民心能夠重新聚合的領袖。這樣的人物，必然會成為大家所敬仰的大人。

初六爻辭，是六爻之中唯一沒有「渙」字的，表示警覺性很高，能夠及時挽救。即使初六軟弱無能，只要上下一心，仍然可以獲得吉祥。自二至上爻，都提及「渙」字，表示初六倘若挽救不成，大家就要勇敢面對渙散的狀態，逐步加以聚合。因為「濟渙」的過程，必須合乎仁義，並不能採取殘暴、殺害的手段。

九五爻辭：「渙汗其大號，渙王居，无咎。」小象說：「王居无咎，正位也。」渙卦依《易經》通例，九五為君王，六四是大臣。由初至四爻，在渙卦中，都扮演「拯渙」的幹部。大家獲得九五的信任，才能完成「濟渙」的任務。九五以陽剛居君位，又是上巽中爻，能秉持正道而行。與九二不相應，表示不樹立私人勢力，凡事公誠以對，把渙散的狀態，視同自己的病痛。「汗」在人體內是病，「渙汗」便是發汗。君王的渙病，經由六四的順承盡力，以及其餘幹部的同心協力，就像出了一身大汗那樣，覺得好轉許多。「大號」也可以當做是登高一呼，發出重大的聚合號令。「居」指積蓄，君王把積聚的財物，廣散各方以聚合人心，當然可以无咎。九五之所以能夠如此，是由於正居君王的尊位，所以說「正位也」。君王言而有信，又能信任群臣，號令如汗出而不反，才能夠消除病痛，恢復身體健康。排除私利，為公眾造福，即是「正位」的表現。

渙 ䷺ 59

九五，渙汗其大號，渙王居，无咎。

九五以陽剛居君位，又是上巽(ㄒㄩㄣˋ)中爻，秉持中道而行。與九二不相應，表示不樹立私人勢力，凡事公誠以對。這樣偉大的領袖，把渙散當做自己的病痛般，經由六四的順承鼎力，以及其餘幹部的同心協力，就像是出了一身大汗那樣，頓時覺得好轉許多。「大號」也可以說是登高一呼，發出重大的聚合號令，把積聚的財物廣散各方以聚合人心，當然可以无咎。九五變爻，就成為蒙卦，象徵九五的以身作則，對大眾具有良好的教化作用。

領袖登高一呼，萬眾響應，能夠轉危為安。

六、上九脫離險境可以无咎

渙卦的渙散，與聚合相對應。卦辭以君王親臨宗廟祭祀，譬喻神靈保祐；以涉越大川，象徵人心的聚合。可見雖然事物的形態渙散，但在精神方面仍有聚合的意願，否則「哀莫大於心死」，不但形態渙散，連心態也顯得絕望，那就難以「濟渙」了。渙卦（䷺）三陰三陽，剛柔相比或相應，象徵渙渙而不斷，也就是形散而心尚未亂，所以還有「濟渙」的可能。

上九爻辭：「渙其血，去逖（ㄊㄧˋ）出，无咎。」小象說：「渙其血，遠害也。」上九是渙卦的上爻，象徵渙散已極，轉為聚合，天下歸於一統，當然无咎。「血」用來譬喻傷害，「渙其血」便是消解其傷害。上九以陽居陰位，距離下坎最為遙遠，有才能可以消解傷害，又欣逢散極重聚之時，果然「去逖（ㄊㄧˋ）出」。「逖（ㄊㄧˋ）」與惕相通，這裡的去「逖（ㄊㄧˋ）出」，和小畜卦（䷈）六四爻辭所說：「血去惕出」，也就是從血泊中離開，從憂懼中脫出，有著相同的用意。九五是老大，上九則是大老。通常老大能處理的事情，就用不著勞駕大老。所以上九有才無位，自然「渙其血」，消解了傷害；「去逖（ㄊㄧˋ）出」，從憂懼中脫出。上九與六三相應，在渙散的情境中原本有害，但六三志在以忘我的精神「濟渙」，上九則是「不在其位不謀其政」，與六三志趣相合，並無違背九五的意思，所以能夠遠害。

渙卦（䷺）到上巽（ㄒㄩㄣˋ），似乎諸事順利：六四承九五，同心協力得元吉；九五出汗去疾得无咎；而上九也能遠害无咎——三爻都呈現由渙散轉為聚合的良好景象，物極必反，在渙卦看來反倒成了好事一樁。渙極必聚，當然需要大家一同齊心奮鬥。

渙 59 ䷺

上九，渙其血，去逖出，无咎。

上九位於上巽的上爻，全卦的極位，象徵渙散已極，即將轉為聚合，天下歸於一統，當然无咎。「渙其血」，表示消解渙散所產生的傷害，「逖」與惕相通，「去逖出」即為從血泊中離開。因為上九離渙卦的下坎最遠，可以從憂懼中脫出。上九與六三相應，六三志在以忘我的精神「濟渙」，而上九則是「不在其位不謀其政」，不干預九五的作為。上九變爻，即成為習坎，象徵倘若不如此，很可能難以脫離險境，無法完成「濟渙」的重責大任。

各安其位，各守其分，才能安然脫離險境。

我們的建議

1 渙卦（䷺）的錯卦為豐卦（䷶），綜卦是節卦（䷻）；渙卦的前一卦為兌（ㄉㄨㄟˋ）卦（䷹），而後一卦則是節卦（䷻），彼此關係密切，可以一併研究分析，以獲得更為豐富的訊息。

2 渙卦（䷺）之內，存有五個互卦，分別為：風山漸卦（䷴）、風雷益卦（䷩）、山水蒙卦（䷃）、以及兩個山雷頤卦（䷚），可以從中充實渙卦的內涵，最好能夠一併加以探究。

3 渙卦（䷺）初爻變，即成風澤中孚卦（䷼）。二爻變，成為風地觀卦（䷓）。三爻變，為隨風巽（ㄒㄩㄣˋ）卦（䷸）。四爻變，為天水訟卦（䷅）。五爻變，便是山水蒙卦（䷃）。上爻變，那就是習坎卦（䷜）。這些變化，都要逐一加以探討。

4 渙字由「水」和「奐」組合而成，「奐」是多。水流並沒有固定的方向，但水一多便會四處流散，所以心情好時，渙代表心曠神怡；心情不好時，渙就是分散，令人煩惱。合起來看，結論是當人心情舒暢時，最容易荒廢正事。

5 老子說：「五色令人目盲，五音令人耳聾，五味令人口爽。」凡縱情於聲色的刺激，必然會產生精神恍惚的渙散現象，所以我們在物質方面但求安足，不應該過分追求豪華與奢侈。

6 渙卦的要旨在守中，唯有如此，才能「王乃在中」，感召人心、聚合大家的力量，發揮「濟渙」的功能，及時挽救渙散的敗壞，以期重新獲得安定的力量。守中不易，必須十分謹慎。

《第八章》

節卦六爻

說了些什麼？

節卦兌ㄉㄨㄟˋ下坎上，象徵澤上有水，
這時候就要加以節制，以免變成澤水困。

澤無水表示乾涸的困境，令人擔心，
當澤上還有水時，就必須事先防患，以策安全。

節為調節，引申為合理地開源節流，
澤上有水，容量有限，不能不加以節制。

然而過分節制，也並不可行，
有如過分節約，便成為吝嗇，實在不妥。

進退有度，才是節的主旨，
當用不省、當省不用，是千古不易的原則。

合理節制，是解救渙散的良策，
所以渙卦之後，緊接著就是節卦。

一。初九自我節制可無禍害

節卦（䷻）卦辭說：「節，亨，苦節不可貞。」「節」是卦名，為《易經》第六十卦，意思是節制、約束，凡事不宜過與不及，儘量以守中為目標，也就是謹慎小心，時時求合理。只要不過分，就不會向兩極發展，導致物極必反，陷入從這一極走向另一極的困境。若能如此，事物便可保持亨通，而不至於窮困，所以說「亨」。「苦節」的意思，是節制得很辛苦，約束得很痛苦，為什麼會這樣呢？因為強人所難，不合乎人性的要求。事物還沒有發展到極端，節制起來比較容易，也更加輕鬆愉快。一旦過與不及，愈來愈過分，真要節制起來，也就愈來愈痛苦，所以說「苦節不可貞」。過於固執，不近情理地強制約束，並不是「貞正」的措施，最好夠預先加以避免。

初九爻辭：「不出戶庭，无咎。」小象說：「不出戶庭，知通塞也。」「戶庭」便是門戶之內的庭院，初九當位，與六四相應，有向外的動力，但是乾卦初九爻辭，提示「潛龍勿用」，所以自我節制，並不隨意走出去，哪怕是家中的內院，也不輕易出入。初九是節卦的最下爻，處於下澤的底層，象徵澤中所蓄的水並未流出。上有九二阻擋，使初九明白路途暢通則行、阻塞便止的道理，因此「不出戶庭」，得以无咎。初九也代表年輕人初出茅蘆，最好謹言慎行，因為人心叵測，經常會禍從口出。「不出戶庭」，象徵閉口不言。與六四相應，好比外人常常試探消息，「知通塞」便是應該說的才說，不應該說的不能說。慎言守密，才不致惹禍。從小就養成自我節制的好習慣，當然可以无咎。

節 60

初九，不出戶庭，无咎。

初九當位，與六四相應，顯得既剛健，又有向外的動力，但是必須記取乾卦初九「潛龍勿用」的教訓，能夠自我節制，並不隨意走出門戶之內的庭院。初九位於下澤的底層，象徵澤中所蓄的水並未流出；上有九二阻擋，使初九明白道路暢通便行、阻塞即止的道理。不出戶庭，所以无咎。初九變爻，即成為重坎，象徵倘若出戶庭，那就凶險重重，不可能无咎了。

主動自我節制，可以避免禍害。

二、九二節制過度失卻良機

節卦（䷻）彖辭說：「節，亨，剛柔分而剛得中。苦節不可貞，其道窮也。說以行險，當位以節，中正以通。天地節而四時成，節以制度，不傷財，不害民。」節卦為什麼亨通呢？因為全卦三剛三柔各佔其半，表示剛柔均衡分配，並不過分集中，而且九五主爻以剛居中，下兌九二也是剛中，卦形良好，所以亨通。「苦節」為什麼「不可貞」？因為節制之道已經窮困，要強制執行，實在是太痛苦了！節卦下兌上坎，「兌」為悅而「坎」為險，行險怎麼還能夠欣悅呢？那就要適當加以節制，居中守正才得以暢通。天地有一定的節制，因而四季分明。任何團體，都應該透過典章制度，做出合理的約束，務求不傷害財政收入，也不妨害人民生活。

九二爻辭：「不出門庭，凶。」小象說：「不出門庭，失時極也。」「門庭」和「戶庭」的不同，在於前者是內院，而後者則是外院。通常圍繞著房屋的庭院稱為「內院」，比「戶庭」更接近外面的即為「外院」。九二不當位，與九五並不相應，象徵九二陽剛居中，原本應該走出外院，卻由於陽居陰位，又無上應，所以不知時機已和初九不同，仍然盲目加以節制，結果錯失良機，故有凶險。初九在底層，不宜宣洩；九二水已適中，應該流出的便要適時流出，以免積水過多，節制不出，反而影響水流的暢通。「極」指極點。失去時機到了極點，當然會有凶禍。九二得中，應該明白初九路塞、九二路通的道理，隨機應變，和九二走出不同的路徑。倘若不知時宜，堅持「不出門庭」，那就必然有凶了！

節 60

九二，不出門庭，凶。

九二不當位，與九五也不相應，象徵九二陽剛居於下兌(ㄉㄨㄟˋ)中位，原本應該走出外院，卻由於陽居陰位，又無上應，以致不知時機和初九不同，仍然盲目加以節制，結果錯失良機而導致凶險。九二水量適中，應該流出的便要適時流出，以免因為積水過多，反而影響到水流的暢通。九二爻變即為屯(ㄓㄨㄣ)卦，表示只要積聚力量，謹慎行事，應當流通的就要使其暢通。

節制過度以致錯失良機，必然招致凶險。

三。六三知所悔改可無禍害

節卦（䷻）大象說：「澤上有水，節；君子以制數度，議德行。」節卦下澤上水，象徵澤上有水。當我們看到「澤上有水」時，應該依據「一陰一陽之謂道」的精神，想像著萬一有天「澤中無水」時，我們應當怎麼辦？於是便及時警惕自己，在「澤上有水」時，就應該節約用水，不可浪費。但是「節」的用意，並不是只節不用，應該是「當用則用，當省即省」。君子領悟出這番道理，採取「制度」與「德行」兼顧並重的方式加以節制。「數」是禮數，「度」為法度。「制數度」便是制定禮數法度，以供大眾遵循。為求表裡一致，免於虛偽造作起見，還要評議道德行為，樹立做人做事的規範。雙管齊下，言行並重。

六三爻辭：「不節若，則嗟若，无咎。」小象說：「不節之嗟，又誰咎也。」「不節若」形容不知節制，「則嗟若」表示還知道自己犯錯而嗟嘆、悔改。六三不當位，又居下澤的上位，以柔處剛，既失位又不中。六三是下兌的主爻，自己不知節制，又怎麼能夠負起調節的責任呢？六三以陰爻乘凌在九二、初九兩陽之上，象徵驕縱而不能自制。當澤水已滿，卻依然不能起調節的作用，這時候責怪任何人都是沒有用的。小象特別用「又誰咎也」，來解釋六三的「无咎」，告訴我們：身負調節重任的人，倘若不能自制，相當於正人卻不能自正，免不了會惹來禍端，就算自己嗟嘆、悔改，也於事無補。初九无咎，是由於「知通塞」；六三无咎，實際上是自怨自艾，沒有辦法把責任推給別人。換句話說，正人者必先自正，唯有端正自己，才能夠正人，如此一來，也才得以无咎。

節 60

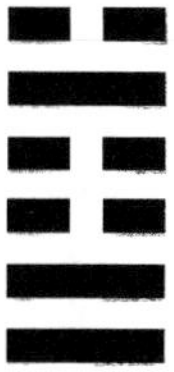

六三，不節若，則嗟(ㄐㄧㄝ)若，无咎。

六三不當位，又居下澤的上位，以柔處剛，可說是既失位又不中。由於六三為下兌(ㄉㄨㄟˋ)的主爻，倘若自己不知節制，又如何負起調節的責任？六三以陰爻乘淩在九二、初九兩陽爻之上，象徵驕縱而不能自制。當澤水已滿，仍不能發揮調節的功能時，責怪任何人都是沒有用的。六三的无咎，實際上是自怨自艾。六三爻變成為需卦，表示正人之前必先自正，才能得以无咎。

倘若知所悔改，仍然可以无咎。

四‧六四順承尊上安然亨通

凡事都應當適可而止，節約、限制也不例外。「節」的用意，在於當行則行、應止即止，必須因時制宜，以求得合理。下兌為澤，所能容納的水量有其限度，多了就會氾濫造成傷害，少了則會枯竭無水可用，最好能夠適時調節。節卦（䷻）三陽三陰，由下而上，初、二兩爻是陽，恐其過剛，所以三、四兩爻為陰。然後五爻為陽，而上爻又是陰，陽上加陰，用意即在節制、約束，防其過剛。一方面調和，一方面節制。事物若能調節得宜，剛柔分明，便不致過量與不及，才能無所偏差而安然亨通。

下兌三爻，是主持節制的，包括初九「知通塞」、九二「失時極」、六三「又誰咎」，都是「節」的關鍵；而上坎是被節制的，爻辭主要在反映被節制的態度，依時位而有所不同。六四爻辭：「安節，亨。」小象說：「安節之亨，承上道也。」「安節」指安然奉行，誠心接受節制。六四當位，處於上坎的初始，倘若爻變為九四，節卦（䷻）就成為兌卦（䷹），象徵六四心悅誠服地順承九五的意旨，所以亨通。就上卦來看，坎為水，六四可以說是澤上的水，不泛不濫，因此安然受到節制。六四與初九相應，表示「不出戶庭」，止而不出，才是六四所應當做的。但是，六四止而不出，並不是完全不動，否則成為死水，怎麼能夠安然？澤上的水，受到九五澤中的水互相激盪而不止息，所以說「承上道也」。「承上」指六四以柔承順九五的剛，「安節」則是安然接受初九的節制，明白此時、此位，僅能「止而不出」的道理，因而亨通。九五動則六四動，九五停則六四也停，這才合乎自然規律的道理。

節 ䷻ 60

六四，安節，亨。

六四當位，處於上坎的始位，倘若爻變為九四，就成為兌(ㄉㄨㄟˋ)卦，象徵六四心悅誠服地順承九五的意思，所以能夠亨通。六四可以看做澤上的水，不泛不濫，與初九相應，表示「不出戶庭」，止而不出，才是六四所應當做的。但是，止而不出也不代表完全不動，否則就會成為死水。由於六四能夠順承九五的激盪，並接受初九的節制，雙方面兼顧並重，合乎自然的規律，所以才能夠安然亨通。

順承尊上，才能安然亨通。

五．九五調節得宜通暢順利

我們常說的「分寸」，實際上就是「度」。節制的時候，還必須掌握分寸，拿捏恰到好處的「度」，當然很不容易。竹子有節，成為君子喜愛的植物。音樂有節奏，也是禮儀的重要配合。一年四季，呈現出不同的節氣。正人君子，氣節則是十分要緊。現代人愛護環境，可能要以「節約用水」為第一優先，偏偏現代生活似乎都在浪費水源，不免令人擔憂。

六四「安節」，九五「甘節」，而上六「苦節」，代表被節制的反應態度。六四安然亨通，當然可喜。九五調節得宜，自然順利。上六過分節制，則有違「苦節不可貞」的道理。

九五爻辭：「甘節，吉；往有尚。」小象說：「甘節之吉，居位中也。」九五當位，為上坎中爻，又下乘六四、六三兩陰，是節卦的卦主。彖（ㄊㄨㄢˋ）辭所說：「剛柔分而剛得中」，便是指九五和九二而言。能夠「不出門庭」的九二，卻由於不當位，難免喪失良好機會而招致凶險；九五當位，可以甘美而恰到好處地節制，自然吉祥。彖（ㄊㄨㄢˋ）辭提出「天地節而四時成」的自然規律，九五居位妥當，能夠自覺地有所節制；處中守正而行事，必然暢通。倘若堅持不傷財、不害民的正道，就不致過分而覺得困苦，所以稱為「甘節」。「尚」是尊尚，「有尚」便是受到普遍的尊尚。「往有尚」，則是這種恰到好處的「甘節」，大家不致覺得困苦，而又節制得很妥當，獲得普遍的尊尚。其主要原因，當然是九五位居中爻，能行正道。九五若是爻變成坤（☷），節卦就變成臨卦（䷒），那就是「知臨」；反過來，臨卦六五變坎成為節卦，便是「甘節」，兩者關係密切，值得深入探討。

節 ䷻
60

九五，甘節，吉，往有尚。

九五當位，又是上坎中爻，下乘六四、六三兩陰，是節卦的卦主，能夠甘美而恰到好處地節制，自然吉祥。「尚」即尊尚，「有尚」便是受到普遍的尊尚。這種恰到好處的甘節，大家並不覺得困苦，又能節制得很妥當，獲得普遍的尊尚，所以說「往有尚」。九五爻變成為臨卦，表示「知臨」。九五可說是「澤水要不要宣洩？」的臨界點，十分重要。

調節得宜，通暢順利，自然甘美。

六．上六過度節制適得其反

節卦（䷻）的用意，原本是進退合宜，凡事要求合理，必須「進者退之，退者進之」，也就是維持動態的均衡。

卦辭明白指出「苦節不可貞。」凡是強人所難，不合乎人性要求的節制，即為「苦節」。「苦節不可貞」意指令人感覺痛苦的節制，便是節制得過分，不夠合理，並非正當的節制。而上六居於全卦的極端，象徵節制得並不合理。

上六爻辭：「苦節，貞凶，悔亡。」小象說：「苦節貞凶，其道窮也。」彖（ㄊㄨㄢˋ）辭已經說過：「苦節不可貞，其道窮也。」因為上六居坎險的極位，表示危險極了！節制得過分，令人覺得痛苦。當痛苦到再也不能忍受時，豈不是鋌而走險，招惹凶禍嗎？為什麼說「貞凶」呢？「貞」是固執、堅持。若是不能及時改變，仍然一味堅持「苦節」，當然凶。倘若處於「苦節」的狀態下，卻能及時做出合理的調整，那就不一定凶。上六以柔居陰位，為當位的爻，象徵苦節若是施於他人，大多凶而且悔；若是施於自己，也就是自己節制，出乎自主、自願，是一種自律，就算稍微過分了些，也不覺得苦，或者苦中作樂，也可以樂在其中，並不覺得痛苦，如此一來，就沒有什麼好後悔的，所以說「悔亡」。節制合理與否？各人的感覺並不相同。「寬以待人，嚴以律己」，應該是良好有效的方式。若是對自己、對別人都寬鬆，難免節制得不夠合理，長久來看，對大家都不好；若是對自己、對他人都很嚴苛，結果勢必同歸於盡。待至節道已窮之際，再來想辦法，恐怕大家都會苦不堪言。現代人欲求太多，需索無度，如何適當加以節制，應該是全體人類所必須共同關注的重要課題。

節 60 ䷻

上六，苦節，貞凶，悔亡。

上六居坎險的極位，表示危險極了！節制得太過分，澤水的水位已經這麼高，居然還在節，萬一造成氾濫該怎麼辦？「貞」為固執、堅持，這時候仍在堅持節制，當然凶。上六爻變為中孚，象徵由被動轉成主動，也就是現代所說的自動控制。設定合理的標準，當節便節、該洩便洩，若能如此，這種因為過分堅持所造成的悔恨，也就能夠隨之消亡了。

過度節制往往適得其反，不應當如此堅持。

1 〈序卦傳〉說：「兌者，說也；說而後散之，故受之以渙。渙者，離也；物不可以終離，故受之以節。節而信之，故受之以中孚。」欣悅之情，很容易導致渙散。事物不可能長久渙散，所以接下來便是節卦。知所節制必能誠信待人，於是中孚之道顯現，若非誠信，無以恰如其分地合理節制。

2 〈說卦傳〉指出：「說萬物者莫說乎澤，潤萬物者莫潤乎水。」萬物之中，以兌卦所象徵的澤，最為令人欣悅。同樣，以坎卦所象徵的水最為濕潤。節卦下澤上水，象徵水注入沼澤之中，太少就會見底，太多便會溢出，必須維持適量，才能隨時供應大家使用。

3 節卦（䷻）內卦為兌，外卦為坎，表示由於內心欣悅，導致外在的危險，必須適可而止，以免得意忘形。

4 〈雜卦傳〉指出：「渙，離也；節，止也。」渙卦（䷺）為離散，節卦（䷻）為制約。欣悅和憤怒看似相反，實際上都是抵抗力最弱的時候，必須合理加以節制，才能避免招來禍患。

5 「苦節不可貞」，過分刻苦的節制，終將使人走上極端困窮的道路，很容易招惹凶險，並不合乎自然法則，不是合理的節約。

6 節卦（䷻）六爻之中，最為吉祥的當推九五「甘節」。與其讓人不情不願、不愉快地接受節制，還不如以上下有分、名器相當，使人自動地節制，內心更加愉快喜悅。

《第九章》

占到渙之節
如何決斷？

占到渙卦，只有一種狀況會變成節卦，
那就是初、上兩爻變，其餘各爻不變。

由卦序來看，節卦緊接著渙卦，
提示渙散時加以節制，有利於正常發展。

渙和節兩卦相綜，是一體的兩面，
渙之節的主變爻為六三：「渙其躬，无悔。」

渙卦和節卦，都是由三陰三陽所構成，
由於陰陽的爻位不同，而造成不一樣的效果。

比較兩卦所內含的互卦，
體會其中的道理，將能有助於解卦。

除非有必要，也確實有把握，
否則不要鐵口直斷，以免造成遺憾！

一、渙卦與節卦為正反相綜

宇宙間一切事物，大多前後、左右、上下、正反，呈現互相對待的狀態。左右陰陽相對的卦，稱為錯卦，又稱為旁通卦，譬如乾（䷀）和坤（䷁）、泰（䷊）與否（䷋）、頤（䷚）與大過（䷛）、坎（䷜）與離（䷝）、中孚（䷼）與小過（䷽），以及既濟（䷾）與未濟（䷿），表示陰陽完全相反，本質全然不同的兩個卦。至於正反次序顛倒，本質不變，象徵事物的一體兩面，可說是正、反兩種不同角度的，那就是綜卦。六十四卦之中，除了乾、坤、坎、離、頤、大過、中孚、小過這八個純正不反，也就是顛倒過來仍然是原卦之外，其餘的五十六卦，都是一卦的正反兩面，例如渙卦（䷺）和節卦（䷻）就是其中的一對，在卦序上是緊接相連的。渙列第五十九卦，而節為第六十卦。這兩卦的共通之處，在於都與水（坎☵）有關。渙卦水在下、風在上；風吹拂於水面上，象徵「渙散」，所以大象提出「建立宗廟以聚合人心」的建議，使大家能夠心繫祖先，而愛鄉愛土，不致流散四處而數典忘祖。節卦水在上，澤在下；當大澤上有水的時候，大家都認為是「取之不盡、用之不竭」，難免因此浪費而不知節制。所以大象提示：「要制定禮數制度，評議德行，藉以節制人的行為」。古代水路方便，現代陸、海、空都通，因此各國無不設置關卡，以節制出入。然而閉關自守，不與外人交流，採取鎖國政策，也是「苦節不可貞」。渙散與節制之間的關係，迄今仍然十分重要。相信未來地球村若要順利運作，對於「渙」與「節」這兩個正反相綜的卦象和內涵，更需要深入研討，以期能夠找出合理的化解方案。

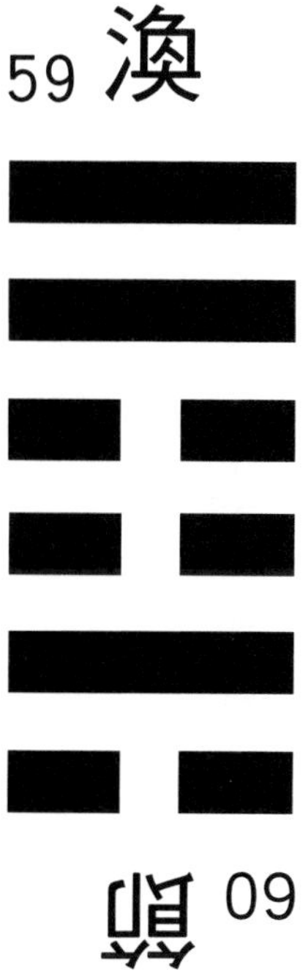

兩卦正反相綜
象徵一體兩面
物不可以終離
必須受之以節
約束應該合理
彼此誠信相待

渙卦九二在初六之上，
上九、九五也在六四、六三之上，
全是以陽乘陰，
難免渙散。

節卦初、二兩爻為陽，
三、四為陰，以防過剛；
九五為陽，上六為陰，
都在合理地加以節制。

二、找出主變爻與兩個變爻

占到渙之節，所占的數字為６７８８７９，加起來的總數是四十五。天地之數五十五，減去占得的數四十五，餘數為十。先由下往上計數，渙卦（䷺）的初六為一，九二為二……上九為六；再由上而下計數，上九為七、九五為八、六四為九，六三即為十，所以得知主變爻是六三，其爻辭為：「渙其躬，无悔。」倘若能夠以忘我的精神，向外配合尊長的旨意，應該可以脫離坎險而就順風，不致產生悔恨。

而變爻有兩個，也就是初位的六，與上位的九。初六變初九，導致下卦由坎（水）變兌（澤）；上九變上六，因而上卦原本是巽（風）變成坎（水）——於是就形成了本卦渙（䷺），之卦節（䷻）。渙之節一共有兩個變爻，表示重點仍然在渙。兩個變爻，都不是主變爻，象徵變易的力道並不是很強。我們查閱渙卦初六爻辭：「用拯馬壯，吉。」如果借助外力來拯救，可獲吉祥。上九爻辭：「渙其血，去逖出，无咎。」散極而聚，當然无咎。這兩個變爻，是以上九為主。占到渙之節，象徵脫離危險、逃出憂懼，應該沒有禍害。

解卦時可透過卦爻辭的內容，與問占者內心所瞭解的事態相結合，產生對卦爻辭的感應。這時候直覺思維與邏輯思維產生交互作用，引發問占者的直接感應，也就是我們所說的「第六感」。經由占卦來引發第六感，是占卜最主要的功能。同樣的卦爻辭，對不同的問占者會產生不一樣的反應，關鍵即在於各人的第六感互不相同，因此引發的直接感應也不一樣。我們尊重問占者的抉擇，符合自作自受的法則，也是人類自主性的高度發揚。

天地之數＝天數＋地數

25 ＋ 30 ＝ 55

大衍之數＝引申天地之數

演筮之數＝每一爻的得數

6＋7＋8＋8＋7＋9＝45

天地之數	55
演筮之數	－45
	10 …主變爻位

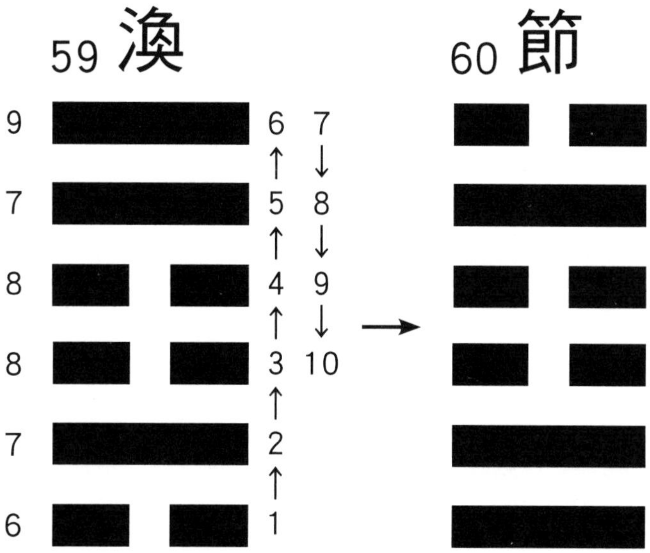

六三為主變爻

初六、上九為動爻

三、從陰陽消長看渙節變化

一隻手掌，共有五根手指頭，自一至五，是計數的基礎，我們把這五個基本數稱為「生數」。比五還要多的數字，則是拿另一隻手來湊成，產生六至十的數，稱為「成數」。生數當中，一、三、五這三個單數，加起來為九。由於三個單數都是陽，九等於三個陽數總集合，所以稱為「老陽」；而二、四兩個雙數都是陰，加起來是六，因而稱為「老陰」。我們以身體為例，壯健衰病，全繫於血氣，而血氣即為陰陽。倘若陰陽均衡調和，血氣必充，身體也就康健。若是陰陽偏枯，血氣必弱，身體必然衰弱。老陽由三陽數（一、三、五）合成，其中並沒有陰的成份；老陰由二陰（二、四）合成，缺乏陽的因素。這種陽無陰來輔佐，陰缺陽的調理，都是由衰而病而死的主因，我們稱之為缺乏生機。七由兩二（陰）一三（陽）合成，八由兩三（陽）一二（陰）合成，都是有陰有陽，自然比較壯健。渙之節的本卦，由６７８８７９組成，其中７８不變，而６９變。解卦時重６９，是因為有６９的變爻，才會造成之卦，也就是變卦。然而渙卦和節卦，都是由三陰爻和三陽爻構成，陰陽的消長，並沒有什麼變化，不過是陰陽所居的爻位，有所不同而已。渙卦（䷺）三陽爻，二在天位，一在地位。節卦（䷻）則剛好相反，三陽爻一在天位，二在地位。兩卦的人位，都是陰爻，表示循序漸進，適可而止，才能夠一帆風順。即使再健康的身體，若是不能善自保養，盲目地浪費體力和精神，勢必造成身體衰敗、精神渙散的後果。最好能夠及早調理，以長保康健。

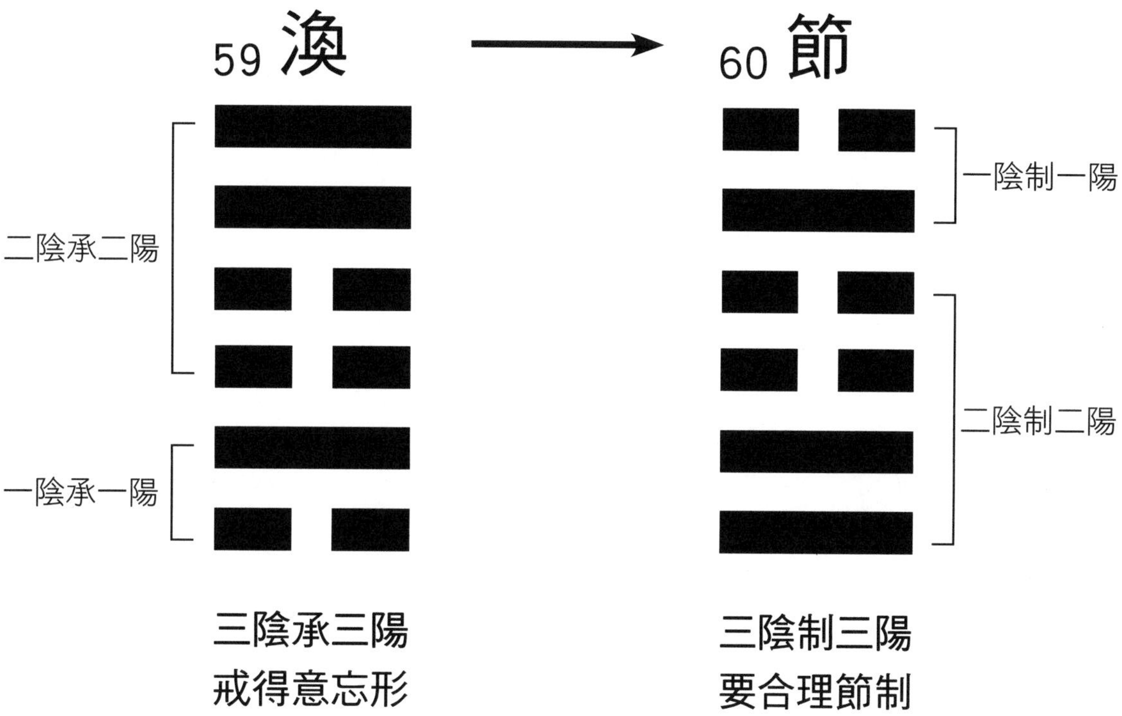
59 渙
60 節
二陰承二陽
一陰承一陽
一陰制一陽
二陰制二陽
三陰承三陽
戒得意忘形
三陰制三陽
要合理節制

四、依各爻變化來自我警惕

渙卦（䷺）初六爻變，即成中孚卦（䷼）；九二爻變，成為觀卦（䷓）；六三爻變，就成為重巽（䷸）；六四爻變，便成為訟卦（䷅）；九五變六五，即為蒙卦（䷃）；上九變上六，那就是重坎（䷜）。我們由上而下，看出卦體的主旨，在於提醒問占者：看到渙卦，不要從渙散著想，最好一陰一陽兼顧，把「散」和「聚」合起來想。用先王的庇祐做號召，以利涉大川來聚合人心，把大家從渙散的蒙昧中喚醒，透過公開的討論，求同存異，以避免爭訟。於是就發現溝通愈來愈順利，眾人的心也愈來愈柔順而遜讓。透過仔細的觀察，終於明白散而不斷的主要原則，即在彼此誠信相待，共同以散而能聚為目標，互相勉勵，才能達成救世的目的。

再看節卦（䷻），初九爻變為重坎（䷜），九二爻變成屯卦（䷂），六三爻變即為需卦（䷄），六四爻變就成為重兌（䷹），九五爻變為臨卦（䷒），而上六爻變即是中孚（䷼）。我們同樣由上而下，看出卦體的主旨，在於提醒問占者：看到節卦，首先要自我警惕，節制是應該的，但也必須求合理。所以在訂定禮數法度、評議道德行為時，都應該以誠信為本。面對所要達成的目標，抱持喜悅的心情，做好充分準備，明白「凡事起頭難」的道理。事實上，向坎險挑戰，就是在促進自己的成長。

無論如何，都要感謝上天有好生之德，凡事往好處想，不要嚇自己，也不能夠放縱自己。從各爻的陰陽變化，體會可能產生的情境，對於化解當前難題，應該能夠產生極大助益。

59 渙

上九	⚊	重坎
九五	⚊	蒙
六四	⚋	訟
六三	⚋	重巽ㄒㄩㄣˋ
九二	⚊	觀
初六	⚋	中孚

60 節

上六	⚋	中孚
九五	⚊	臨
六四	⚋	重兌ㄉㄨㄟˋ
六三	⚋	需
九二	⚊	屯ㄓㄨㄣ
初九	⚊	重坎

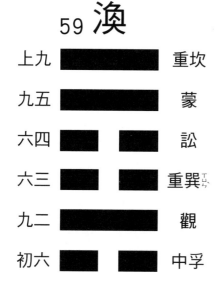

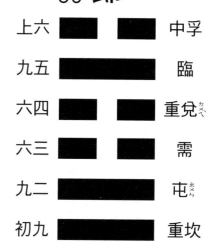

五、比較分析這兩卦的互卦

渙卦（䷺）之中，含有五個互卦。把九二、六三、六四當成下震；六三、六四、九五看做上艮（ㄍㄣˋ），就會構成頤卦（䷚）。自九二至九五，都屬於中爻，構成的卦，稱為中互卦。以中互卦的上卦，也就是這裡的艮（ㄍㄣˋ）卦（☶），分別和渙卦（本來的卦）上下卦相配，就能構成漸卦（䷴）和蒙卦（䷃）；把中互卦的下卦，亦即這裡的震卦（☳），分別和渙卦（本卦）上下卦相配，又構成了益卦（䷩）和解卦（䷧）。渙中有頤、漸、蒙、益和解卦的影子，當然應該拿來做為解卦的參考。

同理，節卦（䷻）的中互卦為頤卦（䷚），由節卦的九二、六三、六四和六三、六四、九五所構成。將中互卦的上卦艮（ㄍㄣˋ）（☶），分別與節卦的上坎、下兌（ㄉㄨㄟˋ）相配，構成蹇（ㄐㄧㄢˇ）卦（䷦）和損卦（䷨）；把中互卦的下卦震（☳），分別與節卦的上坎、下兌（ㄉㄨㄟˋ）相配，又構成了屯（ㄓㄨㄣ）卦（䷂）和歸妹卦（䷵）。

渙之節，既然兩卦有一個共同的中互卦，也就是頤卦（䷚），我們便能領悟出生活上的供養，實際上就是渙散與節制的共同目標。頤卦的卦象外實內虛，初和上兩陽爻，就好比堅硬的實體，內含四陰爻，中互卦是坤卦（䷁），象徵厚德載物的特性，啟示我們不論在渙散或節制時，都應該秉持這種外剛內柔的精神。一方面慎言語、節飲食，一方面務求合理，既不可失之寬鬆，也不宜過於嚴苛。而其餘各互卦，為什麼渙中有益，節中有損？渙中要蒙，節時要屯（ㄓㄨㄣ）？渙中有漸，而節中有蹇（ㄐㄧㄢˇ）？解與歸妹，又有哪些啟示？其中的道理，我們都必須用心領悟，對於解開問占者的疑惑，必定能產生極大的功效。

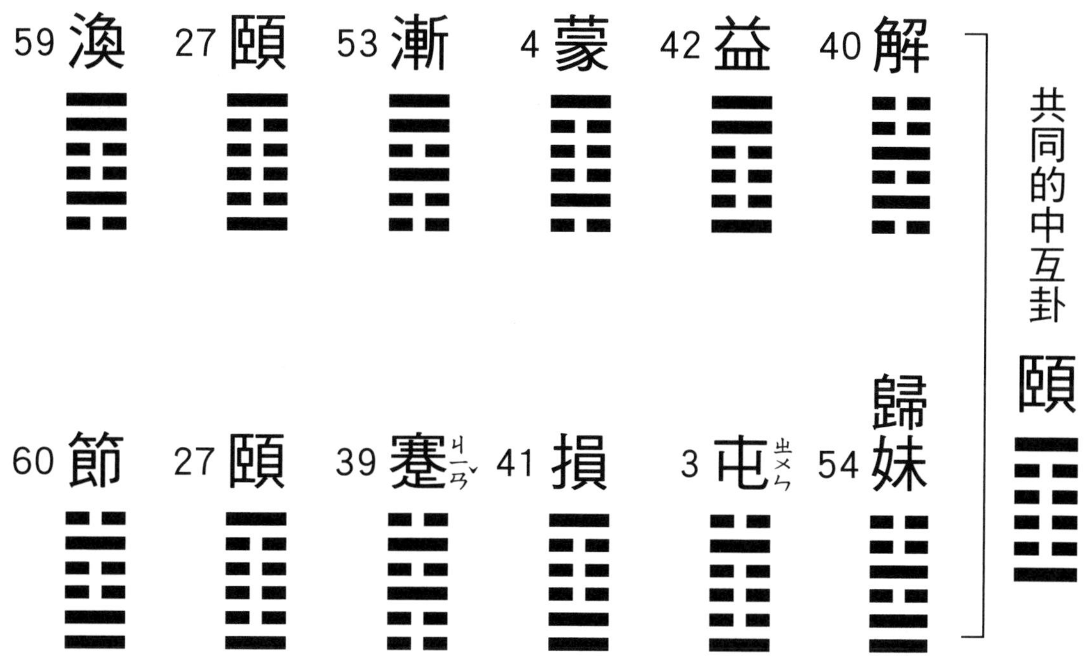
59 渙
27 頤
53 漸
4 蒙
42 益
40 解
60 節
27 頤
39 蹇 ㄐㄧㄢˇ
41 損
3 屯 ㄓㄨㄣ
54 歸妹
共同的中互卦
頤

六、主客的地位最好有分寸

占到渙之節，不要馬上將渙卦視同現在，而把節卦當做未來的變化，以免一廂情願，立即做出吉凶的判斷。我們最好在占卦之後，詢問一下問占者：依實際狀況來看，有沒有渙散的現象？出現在什麼時段？過去、現在，或者還沒有出現？因為本卦的情況，可能發生在過去或現在，也可能尚未發生，也就是未來可能出現這種情況。倘若把本卦和之卦合併考慮，那就有下列五種可能性：

1.本卦的現象出現在過去，現在有之卦的情況。

2.現在有本卦的現象，之卦的情況可能是未來趨勢。

3.本卦和之卦的現象，都已經成為過去。

4.本卦和之卦的情況，現在都有發生。

5.本卦和之卦的現象，現在都還沒有發生。

解卦時要先確定「時」的推移，再活用卦爻辭、錯卦、綜卦、互卦的相關訊息，採取與問占者共商對策的方式，秉持只協助不主導的態度，相信更能獲得問占者的信任。當然，有些人會認為這樣的斷卦太軟弱了，很難建立解卦者的權威感。但是，問占者畢竟是主，必須承擔一切後果；解卦者不過是客，可能在解卦的不久之後，就把答案忘記了。即使想要負起責任，實際上也是無能為力。何況未來是變化的，問占者自身的品德與才能，又是變化的主要因素，我們僅能提供參考意見，讓問占者自行決定該何去何從，豈能為了突顯自己的高明，便做出鐵口直斷的占斷呢？萬一對問占者造成心理暗示，影響到他的決策，造成不良的後果，解卦者又於心何安？

主	V.S.	客
問占者是主， 問的是他自己的事情。 自己的決定， 最樂於順從， 做起來盡心盡力， 效果更加良好。 一切後果， 當然也樂於承擔。 自作自受， 不致怨天尤人。		解卦者是客， 解答的是他人的事情。 既為人謀， 就不能不忠誠以對。 多提供正面的積極性建議， 儘量不要施加恐嚇， 使問占者心生恐懼。 多鼓勵、少嚇唬。 提供可能的替代方案， 協助問占者做出決定。

我們的建議

1 渙的主要因素是精神渙散，問占者最好自問：有沒有這種情況？是由於財物耗盡？還是家庭經濟出了問題？是由於健康欠佳，精神難以集中？或者是對工作缺乏興趣，以致心不在焉？渙散只是現象，必須把背後的原因找出來。

2 倘若是經濟問題，渙之節的啟示，即為先從節省開支著手，再做其他打算。上九爻辭：「渙其血，去逖(ㄊㄧˋ)出，无咎。」應該是最好的勉勵。問占者不妨先冷靜下來，好好地想出解決的辦法吧！

3 如果是健康的因素，那就要反省自己，是不是興趣過多，使自己付出太大的心力？是否應該節制一下，把範圍縮小，淘汰某些活動？以免長此以往，有損自己的健康，逼使自己寸步難行，豈非太不自愛了！

4 個人的苦衷，自己最知道。解卦時提供多方面的訊息，促使問占者自行反省、檢討，找出真正的問題根源，然後對症下藥，尋求化解的途徑，應該是最合理的方式。

5 我們對占卦的態度是嚴肅的、恭敬的。因為人生苦短，時間十分寶貴，不應該浪費，也不適合用來開自己的玩笑。對於即將要出現的變化，做出合理的因應，這才是占卦的主要功能。

6 為了達成這樣的功能，我們必須對占卦做出一些限制，也就是將節制的精神，應用在占卦方面。在下一章節，將會有較為詳細的說明，提供給讀者做為參考。

《第十章》

占卜時
要受哪些限制？

占卜至少要有五大條件，
缺一不可，務請自我約束。

訊息不足是首要條件，
倘若訊息充足，請依據訊息制定決策。

如果訊息不足，但已有主見，
可以依據主見進行決定，不必占卜。

訊息不足、缺乏主見，或者左右為難時，
才可以藉由占卜，來進行推理。

一旦決定要占卦，就必須誠心誠意，
唯有集中意念，才能夠引發良好的第六感。

固定的問項，要有明確的問題，
先有占卦的結果，才有解卦的對象。

一・占卜至少要有五大條件

有條件的占卜，才是「敬」的表現。敬神如神在，恭敬、慎重地進行占卦，占出來的卦象才有對症的可能。

首要條件，是當「訊息不足」時才可以占卜。倘若訊息充足，當然要根據訊息加以分析、判斷，採取推理的方式尋求答案。

其次，為「缺乏主見」時才可以占卜。在訊息不足的時候，如果心中有數、胸有成竹，表示已經有了一定的主見，並且堅定不移。在這種情況下，就沒有占卜的必要，可依據自己的主見行事。

還有，「左右為難」時可以進行占卜。當資訊不足，又缺乏主見，對於各種觀點還是猶豫不定、左右為難時；或者就算有自己的看法，卻經不起他人指點，甚至於向別人請教之後，仍然無法做出決定的情況下，於是興起占卜的念頭，想要藉占求示。無論是要自行占卜或是請人占卜，都應該具備以下兩個條件：

1. 誠心誠意：我們常說心誠則靈，實際上是集中意志，才能夠引發自己的第六感。把意念集中在占卜這一件事情上頭，相當於把自己的念力和占卦的過程，緊密地結合在一起。使自己的誠心誠意，增強了對於占卦結果的自覺性。

2. 固定問題：誠心誠意地請教，當然要有明確的問項，而且每次只能提出一個，以便針對這一個問項，把實際情況和占卜結果連結起來。固定問項，也是敬的表現，同時提醒我們：找出問題比解決問題更為優先。若是找不到問題，試問何以解決呢？現代社會解決問題的專家很多，欠缺的反而是發現問題的人。不知道問題出在哪裡？才是大麻煩！有時想要占卦，竟然還不知從何問起。

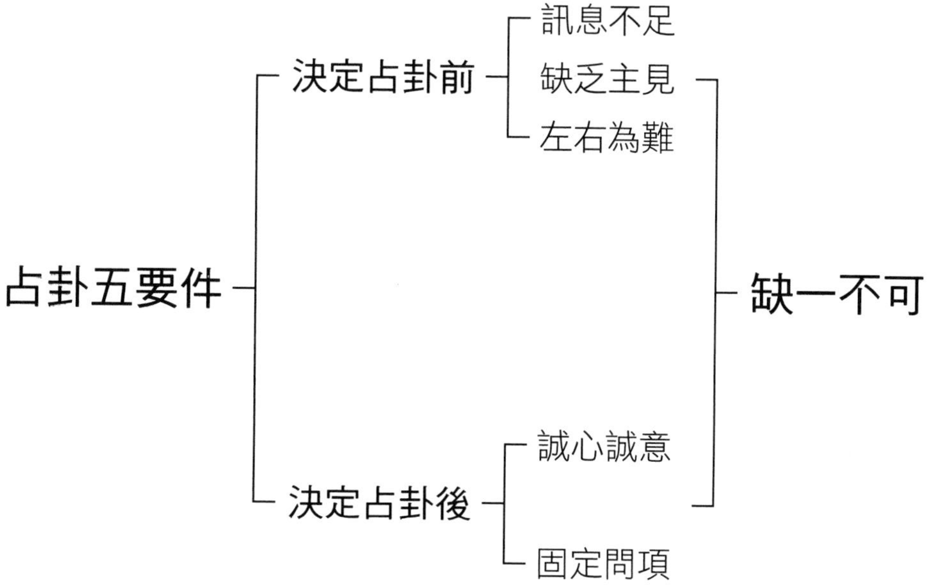
占卦五要件
決定占卦前
訊息不足
缺乏主見
左右為難
決定占卦後
誠心誠意
固定問項
缺一不可

二、只要為公大小事都能占

有人認為占卜只能問大事，不能問小事，乍聽之下頗有道理，但倘若深一層想：大事和小事，並沒有一定的劃分標準，往往某甲的大事，對某乙來說反而是小事。何況小事累積起來，就會成為大事。更進一步思考，我們的社會，具有一種「可大可小」的特性，令人捉摸不定，那就是「大事可以化為小事，而小事也可能被當做大事看待」。這種判斷，並非當事人自己所能夠控制，更增添了許多變數。

既然大事、小事不容易區分，不如改採「公事」、「私事」做為標準，如此一來將更為可行。公眾所關心的事，涉及大家的利益，當然可以占卦。私人的事情，自己私下也可以卜問，但不適合公開，以免引起不必要的猜疑，甚至造成無謂的困擾。至於別人的私事，就更不應該公開，因為這是對他人的尊重，以避免自己在有意無意間傷害了他人。

「易為君子謀，不為小人謀」，意思是大公無私的事情，不但可以占卦，而且歡迎大家共同來參與。把大家的意念集中起來，結果必然更為靈驗。占卜的結果，由大家一起來認定。倘若同心協力，朝向這樣的結果去努力，效果當然更加顯著，也會更為良好。以占卦來聚集大家的力量，是一種有效的途徑。私人的事情，則不適合在公眾場合拿來卜問，這是良好品德修養的表現，必須加以重視。

至於有意加害於人，或者破壞好事，想透過占卜來預測可能遭遇的變化，那是萬萬行不通的，非但卜不準，而且不妥當。這種小人行徑，千萬要小心避免。

- 占卦
  - 可占
    - 只要是公事／對大眾有益 —— 大小事都可以占
    - 倘若是私事／與自己有關 —— 最好不要公開宣揚
  - 不可占
    - 有意加害於人／存心破壞好事／受人威脅利誘 —— 占卜也不會靈驗

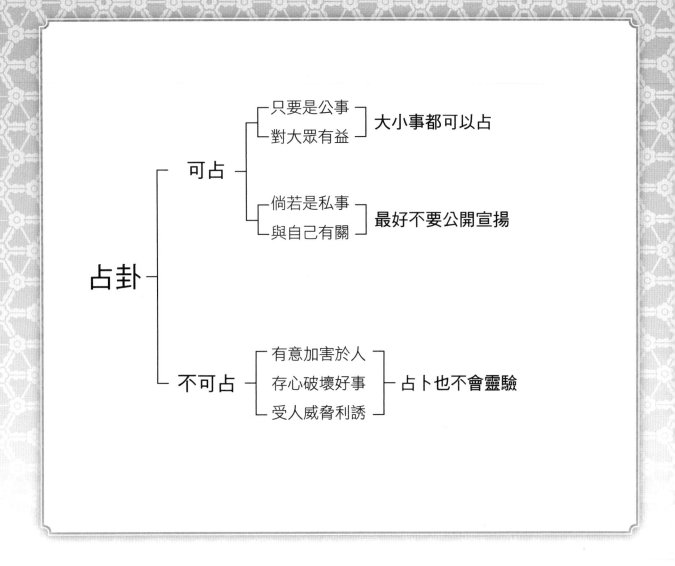

三。請慎重選擇占卦的方式

我們可以用六十四顆小玻璃珠，分別註記六十四卦的卦名，放置在一個小桶當中。每當遭遇疑難不決的事項，便用手隨機摸出一顆玻璃珠，看看這一卦和自己的疑難問題有什麼關聯？然後從中尋求有利的參考方案，這也算是一種問卦的方式。但是，這種完全沒有變卦的占法畢竟太過簡略，令人有種兒戲的感覺，比較難以產生信任感。還不如依據當時的第六感，認為問占者的疑難符合哪一卦，便以這一卦來做為占斷。

自古以來，不使用任何工具的占卦，就有很多種方式，要看問占者和解卦者之間的關係來加以慎選，這樣的作法較為妥當。而通常只要時間許可，建議還是儘可能採用正式的筮法，一方面表現出內心的敬慎，一方面也比較能夠讓問占者產生信任感。

實際上，當問占者提出某種問項時，解卦者依據問占者的年齡、性別、外表穿著和談吐，便大致可以判斷其用意所在。然而，倘若問占者存心前來考驗，故意偽裝、刻意喬扮，解卦者又當何以因應？特別是以占卦為業的人士，更容易遭遇這樣的挑戰，也因此，各有專精的卜筮方式，便成為維護信任感的有利途徑。只要不欺騙、不使詐，也不受人之託而扭曲事實，我們都尊重每一個人的選擇。

〈繫辭・上傳〉說：「易簡而天下之理得矣！」主要在說明：乾陽的運行平易，坤陰的運行簡約，構成了天下萬事萬物的普遍法則。我們不應該把易簡單獨抽離出來，說成簡易，以免因過簡而忽略，因過易而粗淺，那就有違占卦的本意了！我們可以不占，卻不能不對占卦抱持著一種崇敬的態度。

- 占卜方式要慎選
  - 專業人士
    - 自有一套占卦方式
    - 務求熟能生巧
    - 不欺騙
    - 不玩花樣
  - 業餘人士
    - 因人、事、時、地制宜
    - 不使詐
    - 不受人之託而扭曲事實

→ 恭敬謹慎用心

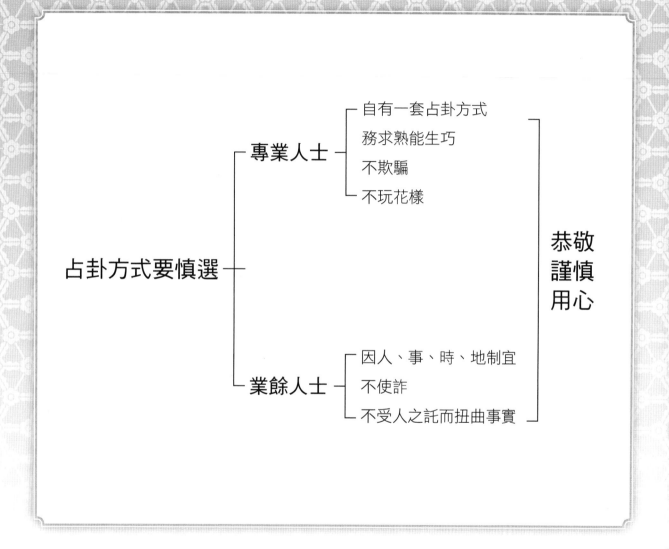

四。卦爻間的配合務請用心

《易經》六十四卦，每一卦都由六爻構成。一卦有六位，是固定的，由下而上，初、三、五為陽位，二、四、上則是陰位。但是爻是變化的，可陰可陽。以豐卦（䷶）為例，初九、六二、九三、上六當位，而九四、六五並不當位。外卦為雷，代表外在的環境。內卦為火，表示內在的動機。內外卦之間，只有九三與上六相應，餘初九與九四、六二與六五，都因同性相斥而不相應。全卦六爻之間，初九與六二為比鄰。六二以陰乘下位，也就是初九，為陰乘陽。依《易經》通例，陰乘陽為劣，對初九不利。但在豐卦雷電皆至的情況下，初九與九四雖然不相應，卻由於兩者都陽剛健壯，正好互相配合，不受六二的影響，然而為時不可過久。六二又與九三比鄰，為陽據陰與陰承陽的關係。對六二來說，是順而善，所以吉祥。對九三而言，則是可善可不善。在這種豐大的情境中，九三愈動愈不明，屬於不善。九三與九四同為陽剛，居於全卦六爻的中間部位，所以爻辭雖然欠佳，只要施為得當，仍然有機會轉凶為吉。九四與六五為陰乘陽的關係，卻因為六五居君位，又能夠主動向下與六二商量，對六五非常有利。六五與上六同為陰爻，上六當位，與九三一柔一剛，就豐道來看，反而是一種貧富差距太大的象徵，所以上六很容易豐極而毀，當然是凶禍！我們在占卦之後，趁機把卦爻間的各種關係說明清楚，對問占者和解卦者來說，都具有相當的公信力。這是依卦解卦，並非眼睛看著卦，嘴巴卻在說著自己的想法。

- **依卦解卦**
  - **位虛爻實**
    - 一卦有六位
      - 初、三、五為陽位
      - 二、四、上為陰位
      - → **固定不變**
    - 每位容一爻
      - 可陰也可陽
      - 陰稱陰爻陽即陽爻
      - → **每卦都不同**
  - **爻際關係**
    - 初、三、五陽爻居陽位，為當位
    - 二、四、上陰爻居陰位，為當位
      - → **通常當位較佳**
    - 相鄰兩爻的關係
      - 承：陰爻在陽爻之下，順而善
      - 乘：陰爻在陽爻之上，逆而劣
      - 據：陽爻在陰爻之上，有善有不善
    - 相應
      - 初與四、二與五、三與上，有互相感應的作用
      - 一陰一陽為相應
      - 陰對陰、陽對陽，則不相應

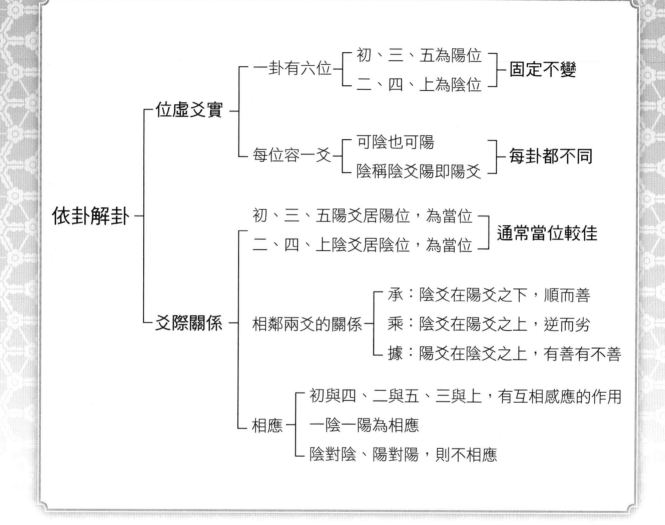

五．占卦理數並重可無大過

當年周文王被囚禁於羑里，觀玩卦象，依各卦的精神冠以卦名，並分別給予卦辭。後來周公在東征時，玩索卦象，進一步逐爻發揮，加上爻辭。陽爻都稱九，陰爻都稱六，表示不論陰陽，都可能產生變化。孔子作「十翼」以發揚易道，其中〈彖傳〉是在解釋卦辭的意義，分為上、下兩篇，散見於經文中的「彖曰」部分。〈象傳〉則分為「大象」和「小象」，「大象」用以解釋上下卦相重的關係，以及在人事方面的應用；「小象」則解釋爻辭的意義，散見於經文中的「象曰」部分。〈文言傳〉細說乾坤兩卦的卦辭和爻辭，附在乾坤兩卦最後面，成為「文言曰」部分。〈繫辭傳〉評論易道體用和周易中心思想，分上、下兩篇。〈說卦傳〉解釋八卦涵義和重卦的緣由。〈序卦傳〉列出卦卦相生的先後次序，並說明其所以然。〈雜卦傳〉研究錯綜及互卦，十分精微，且以夬卦（䷪）殿後，表明「君子道長，小人道憂」的期待。

聖人作易，主要目的在為眾人說明「人道」，並非為少數人專論「天道」。由於眾人臨事難決，每每猶豫不定，左右為難，這才以七八九六之數，揭示人事的進退存亡。可見蓍草所占是「數」，而解卦所得為「理」，必須理數並重，務求安分守己，以確保行動正當，如此一來，就應該可以無大過了。

「象數」和「義理」，可以說是《易經》的一陰一陽。必須兩者不分，合而為一，才能獲得比較周全的認識，用來達成決策，更為方便、安全而有效。無論如何，將占卦變成學術研究或者迷信手段，對人類而言都是一種傷害。長期以來，我們在這方面有很多誤解，最好能夠及時導正過來。

- 理數並重
  - 象數
    - 象—符號（⚊陽、⚋陰）
      八卦、六十四卦
    - 數—奇數、偶數；生數、成數；天數、地數
      大衍之數、老少陽陰之數
  - 義理 — 易理

合不可分

道器合一

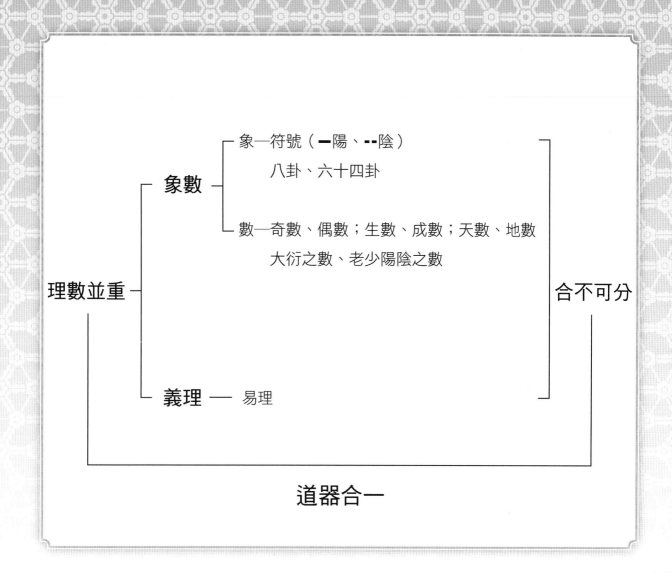

六、解卦時最好採整體思維

我們主張「通就是宇宙真理」，因為《易經》所重視的是整體思維。六十四卦具有互聯的關係，可說是「牽一髮而動全身」，若能用心領悟，便能一通而萬通。如果可以熟悉到完全瞭解六十四卦、三百八十四爻，並且倒背如流，當然很好。但是，對於細節部分過於拘泥，有時反而會影響到全盤性的觀察與判斷。因為《易經》是活的，不是死的學問，解卦者不但要熟悉《易經》，也需要擁有高度靈敏的直覺。當然最要緊的，莫過於良好的道德修養。最高明的解卦者，應該是乾卦〈文言〉所說的「大人」，能夠「先天而天弗違，後天而奉天時」。由於大人的功德與天地的覆載相契合，明察與日月的普照相契合，施政與春夏秋冬的時序相契合，而賞罰也與鬼神的福善禍惡相契合。就算他所推斷的事情，先於天象的啟示，上天也樂於配合，由大人說了算！倘若後於天象行事，大人也會遵奉天時，尊重上天的命令。在這種天人相應的狀態下，大人憑著自己的直覺，怎樣解卦都很靈驗，可以救世。我們偶爾為之，或許有一些小小的機率。平日最好老老實實，依據所占得的卦象，做出詳細的解說。盡量顧及理、氣、象、數各方面的可能演變，讓當事人自行做出決定。因為其中牽涉到當事人的因果，這並非迷信，而是確實存在的因素。說得通俗一些，便是當事人的福分，是他自己造成的。我們常說「先生才，主人福」，即在說明解卦者再有才能，也必須尊重問占者的福分。有些事情不必勉強，順其自然更好，關於這一方面，我們在下一本書中，將有更為深入的說明。

- 採取整體思維
  - 一陰一陽之謂道
    - 每一卦都有正反兩種解說
    - 每一爻都可能產生變化
    - 最好雙方面兼顧並重
  - 多提供積極建議
    - 上天有好生之德
    - 解卦時多加鼓勵
    - 指導化解對策
    - 提供可行方案
    - 避免鐵口直斷

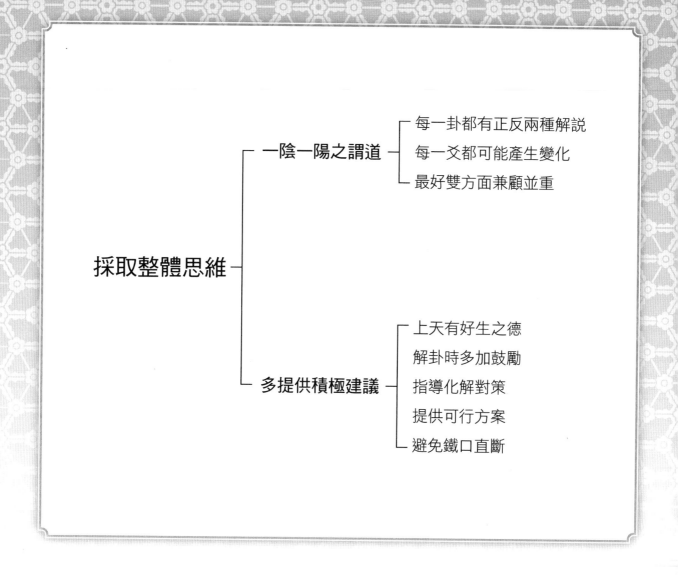

我們的建議

1 人生不斷遭遇各種艱難險阻，面臨不安和憂慮的刺激，難免產生苦惱和恐懼，此時求神問卜，原本就是人之常情。不能由於占卦衍生若干弊病，自己又不瞭解其中的道理，便冒然斷定為迷信，極力加以抗拒和排斥。

2 一陰一陽之謂道，只要有看得見的，便有看不見的。為什麼人算不如天算？因為人的高度永遠不如天。我們再面面俱到，也難免有所疏失。謙卦要我們始終保持謙虛的美德，便是地位愈尊貴，謙德愈顯光明。

3 我們所擔心的是：九十九次小事都靈驗，偏偏那重大的一次卻失靈了，要怎麼向大家交代呢？一次重大的閃失所造成的禍害，很可能比九十九次的總和還要嚴重呀！

4 占卜的基本態度，是尊重當事人的自主性。既然要自作自受，任何人都不適合越俎代庖，為他人做主，替他人決定。人家向我們請教，是敬我；我們儘可能提供協助，是敬他。

5 因果合乎科學法則，不能夠因為宗教常常涉及，就將因果視同迷信。有因必有果，其中還具有一些彈性，並非完全固定。占卦的功能，大多顯現於此。

6 由當事人自主，並不妨礙我們的解卦，但是鐵口直斷，等於是剝奪了當事人的自主性，這是必須小心謹慎的地方。當然，專業占卦者有其職業倫理，我們也應該予以尊重。

結語

我們從「屈指可數」這句話當中，可推知人類最早是使用手指頭來計數的；而「一個巴掌拍不響」，則是形容一個巴掌上只有五根手指頭，無法有效製造出宏亮聲響。這一個巴掌上的五根手指頭，就代表「生數」（一、二、三、四、五）；而另一個巴掌上的五根手指頭，湊合起來，就得到「成數」（六、七、八、九、十）。如果還是不夠用，就以十來乘五，得數為五十。五為基數，稱為「衍數」。「衍」即演，五十為「大演」，所以為「大衍之數」。五十是雙數，變數不如奇數大，因此抽掉一支，用四十九支來推演，這是另一種說法，我們一併提供讀者做為參考。

《史記・龜策列傳》中記載，古代聖王將要建國受命或興動事業時，都十分重視占卜，希望能以此助成善舉。夏商兩朝，用龜甲或蓍草占卜。既然是聖王，按理說應當沒有無法決定的事情。遇到疑難，也應該能夠明斷。重視占筮，無非是擔心後世衰微，缺乏聖王的智慧，人人各執其是，致使教化分散而至於萬端，大道散放而至於無邊無際，所以特地把事理推展到最微細而不顯豁的神靈，以求保持純潔的精神，不使其失真。周文王直接把自己的經驗，寫成卦爻辭，也是為了方便後人，藉由占卦周詳考慮，以尋求化解之道。到了漢武帝即位，由於占卜推算得勝的時日極為神準，武帝的賞賜達到數千萬之多，使得掌理占卜的官吏飛黃騰達，權勢壓倒朝廷百官，甚至於以占筮投射過失，有時也相當靈驗。於是，朝廷中素懷恩怨的人們，也趁此機會胡作非為，假借占筮之名，實行殺戮之實，導致文武百官為之震怒，都說龜策居然能夠講話。後來奸計被揭發，以卜筮害人者，也遭到誅滅三族的處罰。由此可見，占筮本身並無好壞，只是使用的人當中，既有君子亦有小人。周公卜龜三次，而武王疾病得以痊癒。紂王暴虐，元龜（卜筮用的大龜）所占也不吉。看來「易為君子謀，不為小人謀」，應該是至理名言。君子占卦能夠靈驗，小人則不能。

卦爻辭中，可以看到許多「吉」、「凶」、「无咎」、「利貞」等常用的占斷語。而我們在解卦時，最好能依據〈繫辭‧上傳〉所說：「吉凶者，言乎其失得也。悔吝者，言乎其小疵也。无咎者，善補過也」。「吉凶」的意思，其實是人順乎易道而行得通，或者人違背易道而行不通。「吉」是人應當極力做到的，「凶」則是人必須極力避免的，這樣才叫做「趨吉避凶」。「悔」和「吝」的意思，是已經犯了過失，但並不是大過失，所以說是「小疵」。「悔」字從心，「吝」字從口，一個人犯了過失，能夠心生悔改，才會趨於吉祥；若是犯了過失，並不誠心改過，只是嘴巴上找理由敷衍搪塞，那麼小過就會累積成大過，最後終於招來凶禍。至於「无咎」，是指在「悔」、「吝」、「凶」時，想盡辦法遷善補過。

所謂「天無絕人之路」、「船到橋頭自然直」、「天下無難事，只怕有心人」，《易經》是活的學問，而活用的關鍵，全繫於一個「德」字。各人都有不同的福分，一切都得自作自受。天下事有如生態網，牽一髮而動全身。因果關係是連續的，不能斷章取義，硬是把它切割成支離破碎的片斷。要將過去一切拋諸腦後，這只是一廂情願的想法。因果是科學，並不是迷信。我們不能夠企求安和，卻不顧因果。天地人鬼神，原本是「一陰一陽之謂道」的通俗說法，在下一本系列作品《因果使社會安和》當中，我們將一起來探討。

《附錄》

通過占卦闡明易理

一、藉由解卦來說明道理

中華民族講求「情、理、法」，「理」居其中。「情」是用來講「理」的，稱為「由情入理」，也就是「給他面子，讓他自己講道理」。而「法」也是用來講理的，叫做「依法辦理」。當「由情入理」行不通的時候，我們就會翻臉無情，不再給他面子，轉而「依法辦理」。也就是說，通常我們都是先「由情入理」，不得已時才「依法辦理」，這就是《大學》所說：「知所先後，則近道矣！」落實在日常生活中的實際運用。

「由情入理」，一方面合乎人情的需求，給予相當的尊重，使人不但有「位格」，更加獲得「人格」的肯定。既然是人，就應該把他當做人看。既然認為人具有自主性，我們最好能促其自覺，自動表現出合情合理的態度。情字「心」旁，而「青」的意思是美好，合起來成為「美好的心」，其實也就是「憑良心」。「由情入理」，即為憑良心待人，以禮相對待，當然是重視人格的展現。

另一方面，「由情入理」也是一種既安全又有效，能夠同時保護雙方的方式。《論語・子路篇》指出：「剛、毅、木、訥，近仁。」「剛」為剛正。「毅」即堅毅果敢。「木」是質樸，也就是實實在在，真誠無偽。一個人具有剛正、堅毅、質樸的特質，這樣不是很好嗎？為什麼一定要加上「訥」呢？「訥」是遲鈍，形容不善言語的模樣。一般人多半喜歡口若懸河，滔滔不絕，顯得很聰明的樣子，所以《論語・學而篇》特別提示：「巧言、令色，鮮矣仁！」會說話當然不是壞事，但是能言善辯，常常導致顛倒是非，甚至於破壞組織，害人害己，那就十分可怕了！宰予在孔門弟子中，屬於擅長言詞的，孔子居於愛護的心態，不但多次責罵他，而且還罵得特別難聽。閔子騫以德行著稱，孔子稱讚他「言必有中」，說話十分妥當，所以很合理。孔子主張「父為子隱，子為父隱」，把它視為合乎人性的「直」，也就是由情入理的「訥」，在現代社會尤為重要。木訥的人，選擇用慎言來保護自己。我們尊重木訥的人，也以遵守正道（至少做到敬畏聖人的教誨）來保護自己。

要說道理之前，必須先考慮自己的身分、地位和立場，所以原本可以暢所欲言的，也顯得遲鈍而謹慎。此時換一種方式，藉由占卦來表達，透過解卦來說明道理，反而是一種安全而有效的途徑。因為下對上暢言道理，居上位者，往往覺得沒有面子，好像自己還不如部屬，於是惱羞成怒，下屬說得愈對，就愈覺得惱怒，因此罵得愈兇。致使居下位者，有意見也不敢說，反而產生不良的後果。倘若以卦為中介，申明以卦明理，並未摻雜自己的意見。如此一來，即可消除面子上的顧慮，對雙方都有所助益。在上者會認為卦說得有理，在下者則表示「有事弟子服其勞」，所以由他來占卜解卦。雙方有了卦做為緩衝，不致產生心理上的障礙，實在是非常有利。

同樣一個卦，可以有不同的解說；同一卦的六爻，有吉也有凶，如此一來，更方便雙方的商量，能在溝通中減少衝突，自然是好事一樁。卦還有綜卦、錯卦，以及卦中所含的互卦，占卦時又可能產生變卦。實際上翻來覆去，一卦可以變成六十四卦，固然表示生態網的息息相關、互有牽連，同時也提供變化的餘地，對於討論各種因應方案，都有包容的空間。然而，也正因為如此，以致有人十分排斥。依據蒙卦所說：「初筮告，再三瀆，瀆則不告。」把這種牽來扯去的方式，視同瀆筮的行為。凡事應當適可而止，解卦時似乎也不應該例外。

二、依易理而行最為妥當

〈繫辭・下傳〉說：「古者包犧氏之王天下也，仰則觀象於天，俯則觀法於地，觀鳥獸之文，與地之宜，近取諸身，遠取諸物，於是始作八卦，以通神明之德，以類萬物之情。」這裡所說的包犧，和伏羲、盤古是同一位神人，象徵中華民族以「王道」治理天下的第一人。在那個時代，既沒有文字，也缺乏可以充分交換意見的語言，我們將心比心設想一下，在那種情況下，要怎樣求取學問呢？最合理的答案，應該是以「天垂象」為觀察的目標，來感悟其中所寄寓的道理。因此，伏羲氏仰首觀察日月星辰等天象，低頭比較地形高下升降的法則，觀察飛禽走獸身上的紋理，以及地上所生長的植物。透過這些「天垂象」，也就是在「天何言哉」的景象中，從近處取法自身，向遠處取法各種物象，這才畫出了八卦，用以貫通神妙光明的德性，按類區分萬事萬物的情狀。「通」的意思是啟發，「德」的含義為人性。「神明」指人類本有的智慧。「通神明之德」，便是藉由八卦來啟發我們原本具有的智慧，發揚人性的光輝，領悟合理的方式，以此求取生存與發展。換句話說，聖人設卦觀象，並繫上卦爻辭，以揭示吉祥或凶險，來象徵處事的得失，其主要用意，即在透過「天垂象」的象數，來表達看不見的道理。由於「天垂象」並非一般人所能看得明白，所以孔子才提示我們：「君子有三畏：畏天命，畏大人，畏聖人之言。」告訴我們只有聖人才能看懂「天垂象」所蘊含的道理，大家不要擅自猜測、胡亂解說，最好能夠尊敬聖人，以聖人的解說為依據。孔子表明自己「述而不作」的原則，便是以身作則，明白宣示：我們只能遵循自然規律，不應該創造出不合乎自然的事物。倘若不知道什麼是天命，因而不敬天法地，輕視大人，不遵守聖人的教誨，那就必須要自作自受了。

一陰一陽之謂道，代表陰陽的符號，是「六」、「九」這兩個數字，稱為《易經》的「數」。八卦的象，則是「天、地、水、火、風、雷、山、澤」的象徵，也就是《易經》的「象」。透過陰陽的作用，表現萬事萬物生成變化的道理，這就是「易理」。象數並非神蹟，而是用來傳達易理。譬如占到乾卦，我們先解說大象：「天行健，君子以自強不息。」主要用意在提醒大家：做人做事，必須貫徹始終，永不懈怠。接著再看它的數：乾卦六爻都是九，錯卦為坤，一下子變成全卦六爻都是六。乾卦的綜卦，依然是乾卦。乾卦的中互卦，由二、三、四爻或三、四、五爻構成，也都是乾卦。象徵天體運行，是一個健全的完整體系，我們做人做事，也應該確立基本原則，只能夠持經達變，不可以妄自求新求變，以免流於亂變，這點對現代人而言尤為重要。乾卦六爻，倘若初九爻變初六，即成姤卦，象徵陰陽相遇，最好能夠妥善處理。九二爻變成為同人卦，表示彼此同心，即為同人。九三爻變為履卦，代表同心協力，必須履行天道，才不致為非作歹。九四爻變為小畜，象徵履行天道，自然就會稍有儲蓄。九五爻變即為大有卦，表示積少成多，就能大有。上九爻變為夬卦，告訴我們，有充足財貨時，必須謹慎決定其用途，以求合理。由初九到上九可以看出：無論何時，當我們遭遇到任何事物，其實都是一種陰陽相遇的姤象，必須抱持誠懇親切的態度，以一視同仁的心情，拋棄偏見和成見，依據天理履行自己應當克盡的那份責任，而不是斤斤計較於權利和義務。與人同心，才能從小有積蓄逐漸累積成大有。這些財富，最好是取之於社會，用之於社會，做好合理的分配，與大眾共同分享。

除此之外，由上九到初九，也可以做出這樣的推論：我們具有天賦的創造力和自主性，應該適時發揮作用，在行事之先，做出合理的決定。以「大家都是人，不能差太多」為原則，依據「大有」來自「小畜」的次序，以身作則先求小畜，並且說到做到，確實履行。在行動上配合「人同此心，心同此理」的步調，以誠懇態度對待同仁，共同妥善處理不期而遇的事物。先前舉乾卦為例，接著再以坤卦為例：從坤卦的大象中可看出「地勢坤，君子以厚德載物。」我們的言行舉止，最好能秉持寬大忠厚的道德，善盡自己的責任，扮演好各自的角色。坤卦的錯卦為乾，綜卦依然是坤。中互卦由二至四爻，或三至五爻，也都是坤卦，果然是用六「利永貞」。至於六爻的變化，初六爻變成復卦，六二爻變成師卦，六三爻變即成謙卦，六四爻變就是豫卦，六五爻變成為比卦，上六爻變則是剝卦。由上而下，告訴我們：在人群社會中，不必自我意識高漲，處處想要高人一等，反而應該認清自己不過是團體中的一分子，最好剝掉過多的欲望，特別是那種標榜與別人不同，喜歡以自我為中心的念頭。不要在物質享受方面和他人做比較，諸如比名牌、比財富、比身分地位、比長相學歷……比較這些，遠不如比較品德修養來得有意義。隨時做好與人互助合作的準備，抱持謙虛禮讓的心態，以自然為師，向自然學習。若有機會興師動眾，則必須以除暴安良為目標，恢復人間的正道。也可以由下而上，做出這樣的推理：無論乾元或坤元、乾道或坤道，都不能單獨成就任何事物。一陰一陽之謂道，表示一陰初現時，即為不期而遇的良機；而一陽乍現時，則象徵道心惟微，因為天地之心便是道心。復卦一陽在內、五陰在外，其勢甚盛，所以人心惟危。我們為人處事，最好能夠反覆自我要求，以自然為師，向自然學習，抱持謙虛禮讓的心態，不斷充實自己，替未來做好充分準備。並時常自我反省，把今日的我與昨日的我，在品德修養方面做出比較，看看是不是日有增益？用心剝除不良的心思和行為，以期成為一位良好的配合者，獲得大家的喜愛與歡迎，並得以展現出自己的實力。

其餘的六十二卦，也各有其象數背後所呈現的道理。我們若能每卜一卦，便仔細探究其中的易理，久而久之，便可融會貫通，能知能行。在日常生活當中，隨時靈活運用易理，自然能收吉无不利的效果。

三、體悟當年聖人以神道設教的苦心

八卦的基本作用是陰陽。天是純陽，地為純陰，其餘水、火、雷、風、山、澤，都是有陰也有陽。八卦本身，不過是自然的象徵，並沒有吉凶可言。周文王被商紂王囚禁在羑(ㄧㄡˇ)里，深感憂患，所以演六十四卦為三百八十四爻，分別制訂卦辭、爻辭。那時候已經有了語言文字，可以幫助說明卦爻的道理。由於當時大眾迷信占筮，為了方便推廣，於是採取神道設教的方式，在卦爻辭中加入「吉」、「凶」、「悔」、「吝」、「无咎」等標示，果然引起大家對占卜的興趣，迄今仍然流傳於世俗之中。孔子非常重視《易經》，把它列為群經之首，卻實在不捨《易經》被小用，成為專門用來占卜的工具，因此下定決心，把「筮術易」推進為「儒門易」；將「神道設教」轉化成「人生哲理」，秉持「述而不作」的原則，也就是易理不變，而方式改變，當然也符合易學的主旨。有所變的是「述」的部分，有所不變的即為「不作」的精神。十翼的易理，應該可以取代吉凶的占斷。然而，聽不進道理卻熱衷於占斷，似乎已成為一種很難改變的風氣。經過漫長時期的努力，人們盲目信仰天地鬼神的習性已大幅度剝除，但是在面對多變而又不可測的未來時，大多數人依然習於求助各式各樣的筮術。全世界各民族，即使科學再發達，似乎仍免不了這一類的預測。我們深深體悟當年聖人以神道設教的苦心，也明白孔子透過十翼發揚易理的用意，因此懇切盼望大家共同遵守占卜的要件，盡量避免鐵口直斷的方式，使「象數理占」四大功能均衡發展。當有現象可觀察，有數據可參照時，最好能把象數背後的理找出來，然後依循易理而行。若是現象不明，數據不清時，當然不得不藉助於占卜，以求得參考的依據。不過，卦爻辭大多只有示象、示意，很少把理推論出來。我們解卦時，最好能站在當事人的立場，表明相關的道理，促使其自行決定。即使這樣的態度，比較難以得到問卜者的敬意，賺不到較多的金錢，但我們仍建議：現代民智已開，必須盡力尊重當事人的自主性，協助其發揮創造力，走出一條自己的道路，而不是完全聽從占卜的論斷，放棄自己做決定的機會，或是拋棄自己所應承擔的責任。

對於鬼神，我們根本無法證明其存在與否？所以最好抱持「敬而遠之」的心態，只求與鬼神有所感應，而且把這些都當做參考、輔助，不完全依賴或是以此做為憑藉。對於占卜，根本不可能斷定究竟是「靈」或「不靈」。即使有人宣稱預測十分靈驗，我們也不敢冒險。萬一其他人都很靈，這次輪到自己，卻偏偏不靈，豈不是很不甘心？所以最好的方式，還是以占卜作為輔助工具，藉由占卜來明白易理。

四、說明易理時最好心平氣和

一般人居於好意，往往過分熱心，無論是宣揚易理或是占卜問事，都難免誇大張揚，說得活靈活現。殊不知這樣一來，反而助長了利用人們的好奇心，穿鑿附會許多奇奇怪怪的論說，導致《易經》成為怪力亂神的書籍，使人徒增反感。所以我們最好能以平常心，看待《易經》這部由自然所孕育而成的學問。《易經》原本十分自然，顯得平易近人，所說的易理，也都是一些百姓日用而不知的事實。我們一步一步把它整理出來，大家可以和自己內心的感覺相印證。若是認為合理的，自然就會加以認同；若是認為不合理的，也就各有不一樣的看法。但不論如何，我們都應當加以尊重，而這也才符合《易經》廣大包容的精神。

我們這一系列，到現在還不曾提及河圖、洛書，便是在有很多基本法則未經確立之前，實在不方便加以陳述。我們一直到第十三冊，才介紹「易經的占卜功能」，也是寄望大家能夠更為謹慎，千萬不要沉迷於占卦，以免時光倒退，一下子又回到了數千年前，對大家都不是好事情。當然，我們也不能否定占卜的功能，所以也不該完全的避而不談，因此我們選擇在適當的時候，做出合理的說明，這也是我們所應盡的責任。

觀象明理，依數推理，以及藉助占卦來解說易理，此三者的目的都是一致的，都是在依易理行事，務求无咎。也就是事先做好評估，預防所有可能發生的後遺症。每經一事，必長一智。剛開始可能十分困難，會經常犯錯，但逐漸熟悉之後，就能夠累積寶貴的經驗。把重點置於道德修養的層面，修己安人，由內聖而外王，這就是人生的正道，也是合於易理的大道。《說卦》指出：「數往者順，知來者逆，是故易，逆數也。」逆數當然是「前知」，這和《中庸》所說：「至誠之道，可以前知」，兩者道理相通。「逆數」必須配合「至誠」，然後才可以預測未來的變化。這當中牽涉到當事人的道德，必須通盤考慮在內。《中庸》說：「故大德，必得其位，必得其祿，必得其名，必得其壽。」坤卦〈文言〉同樣指出：「積善之家，必有餘慶；積不善之家，必有餘殃。」由此可見，舉凡占卦、解卦，都和當事人的品德修養具有十分密切的關係。道德是中華民族最高的信仰，在占卦、解卦時，當然不能忽視。有些爻辭，甚至將「君子」與「小人」相對，譬如剝卦上九：「君子得輿，小人剝廬」，同樣一個爻，對君子來說，有如乘車一樣迅速發展；對小人而言，則連賴以容身的房屋也終將被剝落了。觀卦初六：「小人无咎，君子吝」，明確指出對小人而言固然沒有禍害，但對君子而言卻將造成遺憾。

五、結語與建議

一般人在徬徨無助時，總是希望得到神靈祐助。當我們猶豫不定，不知如何是好時，若是能藉由占卦來獲得解答，當然也是如有神助。但是，倘若因此而養成依賴的習慣，喪失了自主性，那就得不償失了！不但凡事都想占它一卦，甚至順從占卦的結果而不敢有所違逆。若是如此，試問人生的意義何在？又有什麼價值可言呢？人活著，就必須負起應有的責任。遭遇困難時，應該勇敢面對現實，尋求突破的方法，而不是盲目地但求趨吉避凶，完全聽從卦爻辭的判斷而喪失寶貴的自主性。我們應當知天命，卻不能完全聽天由命，因為克服萬難，以求獲得預期效果，這才是我們「知來者逆」的真正用意。

乾卦〈文言〉提示：品德修養高尚的大人，有時可以達到「先天而天弗違，後天而奉天時」的境界，就算先於天象而行事，上天也不會違背；後於天象行事時，也能夠遵循天時。我們雖然不敢也不必以「大人」自居，卻應該把它當做終生努力學習的對象，因此合理地發揮自主性和創造性，必然成為我們每一天都應該自勉的課題。

我們衷心盼望，人人都能把占卦當做學習《易經》的方式，或者透過占卦解說易理，以及藉由占卦的指引尋得突破難關的方案。凡是應該做的事，都必須努力求其完成，不應該由於占卦結果暗示會有凶禍、危險，便立刻改變心意，拋棄原先想要完成它的意念。占卦的目的，在於指出當前的情況，提供人們做為參考。我們必須依據所占得的卦爻辭，配合當時的實際情況，務求在兩難中兼顧各方面的變數，找出最合乎情理的行動方案，並克盡全力促其實現。採取持經達變的方式，合理調整自己的作為，務求善盡一己的責任，以期完成「贊天地之化育」的神聖使命。

一日
易經
道德經
班
6小時 師父領進門教你
如何讀懂《易經》／《道德經》
向古聖先賢請益，
學會知機應變、與時俱進；
物我兩忘、生死合一的上乘智慧！
每月均有
新班開課
曾仕強文化
電話：02-23611379
02-23120050
傳真：02-23752763

影響華人世界
最重要的推手
曾仕強教授
解讀易經的奧祕
書籍洽詢專線
02-23611379、02-23120050
曾仕強文化
台灣國寶級大師曾仕強教授以獨步全球的易學解析觀點，幫助讀者輕鬆掌握《易經》簡易、變易、不易的原則，積極管理變化萬千的人生。

精選課程系列

「曾仕強文化」獨
設計開創的經典課

《易經》其大無外，其小無內；廣大精微，無所不包，64卦384爻4096種變化，是解開宇宙人生的終極密碼。能打造出一個內建《易經》智慧的大腦，等於是和宇宙能量接軌，取之不盡，用之不竭，絕對是您今生最睿智的投資。

古人有言：富不學，富不長；窮不學，窮不盡。人不能不學習，既然要學，就要學最上乘的智慧，才不會浪費時間。曾仕強文化擁有最優秀的黃金師資陣容，課程深入淺出，一點就通。誠摯邀請您即刻啟動學習，一同進入「易想天開」的人生新境界！

決策易

《易經》一卦六爻，代表事情發展、變化的六個階段，可做為決策時的良好參考。不讀《易經》，難以培養抉擇力，這部千古奇書可謂「中國式決策學」的帝王經典。

生活易

《易經》帶給我們的不只是理論，更是一種思考方式的訓練。「生活易」教你如何輕鬆汲取易理智慧，開發多元思考方式，發揮創意解決問題，讓生活過得更簡易更有樂趣。

奇門易

奇門易在於瞭解事情的癥結點，進而佈局調理、擇時辨方。占卜及《易經》，能提供決策時的最佳參考指南；而「奇門易」，能告訴你做這個決策最有利的時機及方位，具有相輔相成的效果。

乾坤易

《易經・繫辭傳》說：「乾知大始，坤作成物。」告訴我們：「乾」代表開創的功能。腦袋裡有想法，對事情有看法，這是一件事情的開始；「坤」代表執行的功能。經過實踐的過程，把一件事情落實，而且看到了具體的結果。

經典傳承系列

歷史易經班

首創以《易經》64卦＜大象傳＞結合《史記》百位經典歷史人物進行精彩分享。運用易學獨到觀點，剖析成敗關鍵所在，重新賦予歷史妙趣橫生的新「易」義！

易經經文班

《易經》六十四卦、三百八十四爻，並非靜態呈現，而是彼此互動，有快有慢、時時變化。每一卦、每一爻，都是生命的入手處，想要深入瞭解，最好能從熟悉經文開始。

易經繫辭班

人生長於天地之間，必然受到天地之氣的影響。＜繫辭傳＞說：「有天道焉，有人道焉，有地道焉，兼三才而兩之」——所有中國哲學的思考，都沒能超出這個範圍。

老子道德經

「知人者智，自知者明；勝人者有力，自勝者強」。《道德經》短短五千餘字，談的都是人間行走的智慧。老子告訴我們：先把做人基礎打好，未來的人生道路就會比較易知易行。

孫子兵法

「善動敵者，形之，敵必從」；「善戰者，求之於勢」。「形」與「勢」，是作戰前必先考量的策略面。《孫子兵法》是中國最早的一部謀略兵書，能教你如何佈形造勢，領兵作戰。讓你知己知彼，百戰百勝！

以上課程歡迎洽詢
02-23611379
02-23120050
曾仕強教授辦公室

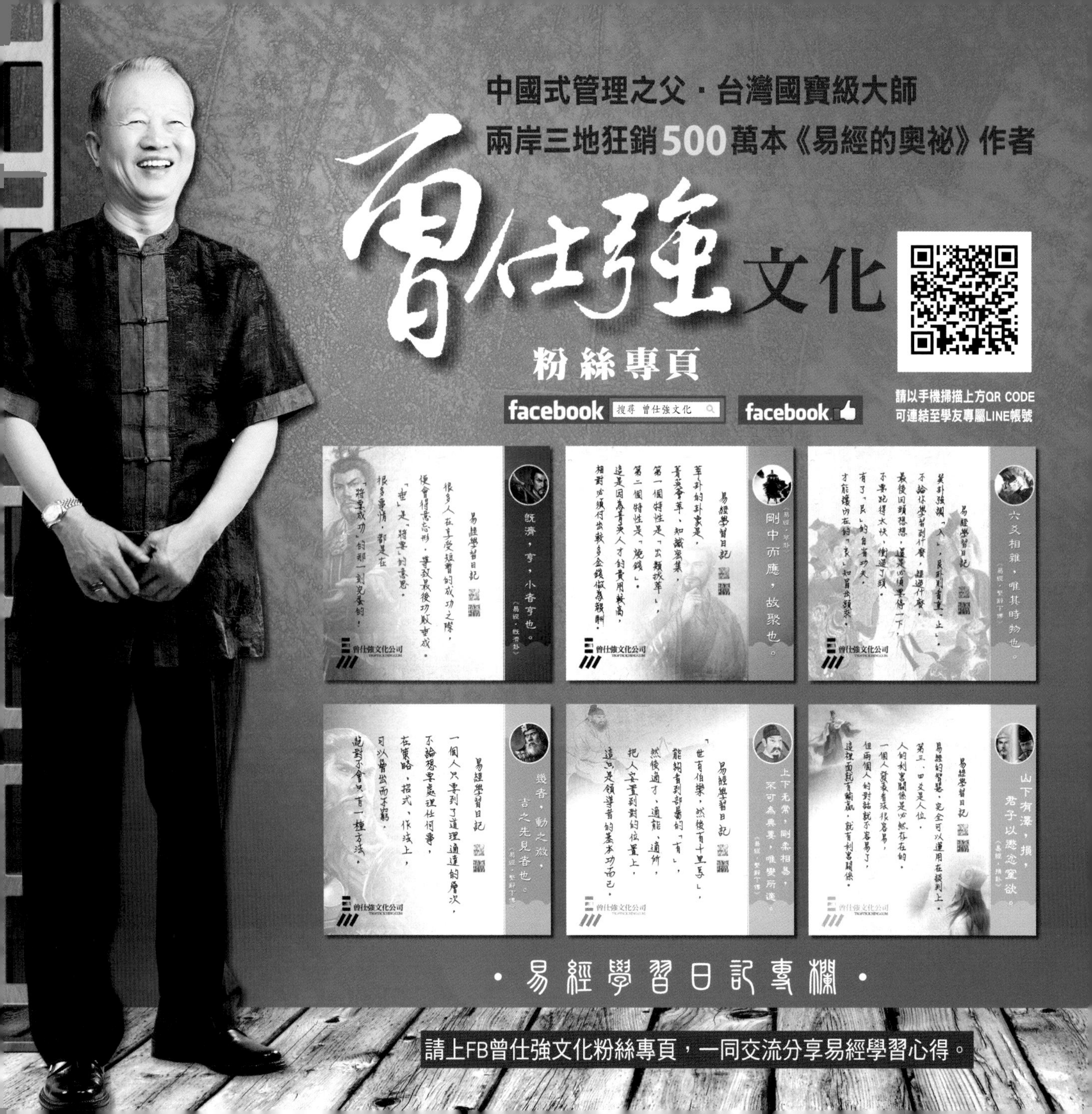
中國式管理之父．台灣國寶級大師
兩岸三地狂銷500萬本《易經的奧祕》作者
曾仕強文化
粉絲專頁
facebook 搜尋 曾仕強文化
facebook
請以手機掃描上方QR CODE
可連結至學友專屬LINE帳號
既濟，亨，小者亨也。
剛中而應，故聚也。
六爻相雜，唯其時物也。
幾者，動之微，吉之先見者也。
上下无常，剛柔相易，不可為典要，唯變所適。
山下有澤，損，君子以懲忿窒欲。
易經學習日記
曾仕強文化公司
・易經學習日記專欄・
請上FB曾仕強文化粉絲專頁，一同交流分享易經學習心得。